MANUEL DU PREMIER ÂGE
RÉDIGÉ PAR DEMANDES ET PAR RÉPONSES

ATLAS ÉLÉMENTAIRE

Par M. Alexandre VUILLEMIN

Septième édition, entièrement refondue et conforme au dernier programme

MAPPEMONDE

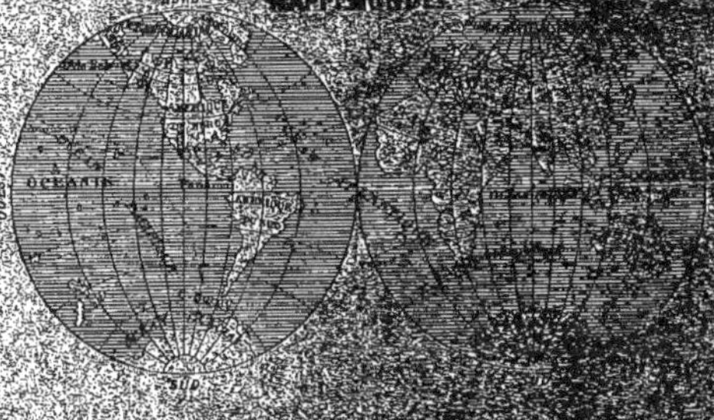

PARIS

LIBRAIRIE CLASSIQUE
E. E. ANDRÉ-GUÉDON
15, rue Séguier, 15

ATLAS ÉLÉMENTAIRE

ATLAS ÉLÉMENTAIRE

Par M. Alexandre ASSIER

Septième édition, entièrement refondue et conforme au dernier programme concernant la Géographie

Les leçons les plus simples seront toujours les
meilleures pour les commençants.

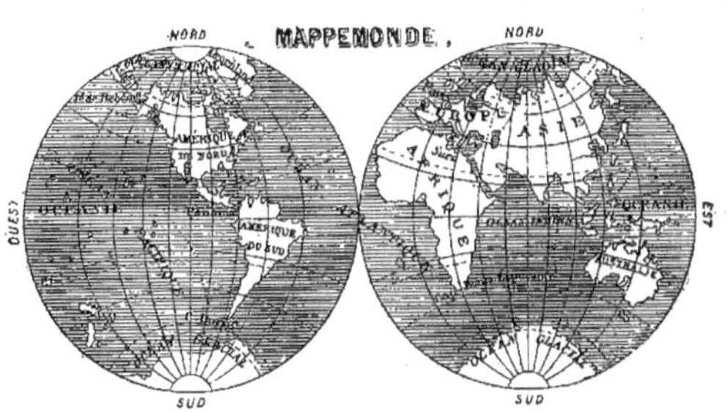

PARIS

LIBRAIRIE CLASSIQUE
F.-E. ANDRÉ-GUÉDON
15, rue Séguier, 15

LIBRAIRIE
GUÉRIN-MULLER
1, place de l'Hôtel-de-Ville, 1.

PRÉFACE

L'Atlas que nous publions est déjà connu par six éditions précédentes. Mais, depuis sa première apparition, bien des découvertes ont été faites et bien des progrès se sont réalisés. Il fallait donc présenter un **Atlas** dressé et rédigé d'après un plan pour ainsi dire nouveau et conforme au dernier programme concernant la Géographie.

Commençant par les premières notions, nous expliquons aux élèves les principaux termes employés en Géographie et représentés sur notre première carte, de sorte qu'avec un peu d'attention il leur est facile de répondre aux questions.

La seconde carte est celle que recommande surtout le dernier programme; car qu'importe-t-il d'abord de connaître? Le pays où l'on vit, où habitent nos parents, notre canton et notre département. Nous avons choisi le département de **Seine-et-Oise**, parce qu'il limite de tous côtés celui de la **Seine**, dont le chef-lieu est **Paris**, capitale de la France, siège du Gouvernement, et où conduisent toutes les grandes routes et les principales lignes de chemins de fer. Les professeurs pourront remplacer cette seconde carte par celle du département où ils enseignent et changer les questions à leur gré.

Lorsque les jeunes élèves connaissent assez bien leur village, leur canton et leur département, nous leur représentons la **France**, que nous avons divisée en cinq régions. A l'aide de notre carte, les élèves passent facilement du **Nord** à l'**Est**, distinguent les départements, retiennent les chefs-lieux et arrivent sans effort au **Centre**, après avoir successivement parcouru le **Sud** et l'**Ouest**. Nous avons soin de les interroger sur la route, de leur demander les villes les plus importantes qu'ils ont visitées, les montagnes qu'ils ont franchies, les fleuves qu'ils ont traversés et aussi les principales lignes de nos chemins de fer.

De la **France** nous passons dans les autres contrées de l'**Europe**, donnant quelques détails sur celles qui nous avoisinent. De l'Europe nous nous transportons dans l'**Asie**, dans l'**Afrique**, dans l'**Amérique** et dans l'**Océanie**, n'oubliant point nos principales colonies et les diverses productions des cinq parties du globe.

Pour nous assurer même si les jeunes élèves ont suffisamment étudié nos cinq premières cartes, nous terminons par une **Mappemonde**, à l'aide de laquelle nous les interrogeons et leur donnons des notions intéressantes, les obligeant, pour répondre, à recourir à ce qu'ils ont appris précédemment.

Il eut été facile de multiplier les questions, d'indiquer beaucoup d'excursions, mais nous avons voulu laisser quelque action au zèle éclairé des professeurs (1).

---

(1) Les cartes de cette édition ont été dressées par M. Eugène Favennec.

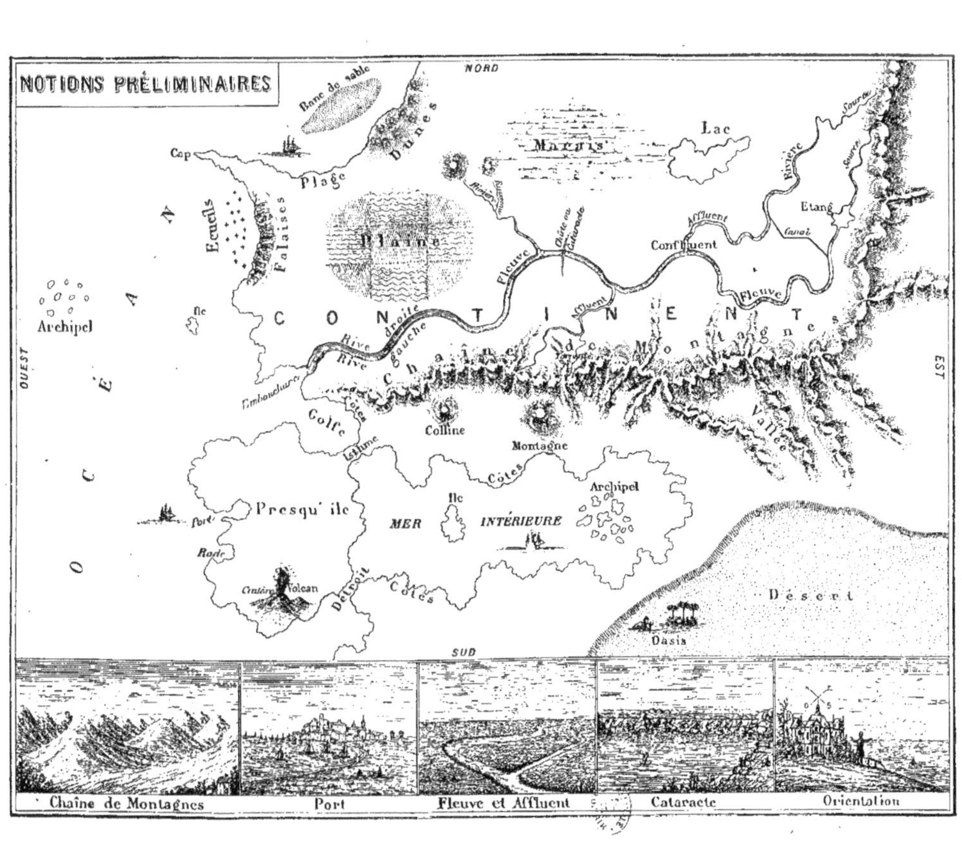

NOTIONS PRÉLIMINAIRES
NORD
Banc de sable
Dunes
Cap
Plage
Marais
Lac
Rivière
Source
Source
Écueils
Falaises
Plaine
Étang
Canal
Affluent
Confluent
Archipel
Île
C O N T I N E N T
Fleuve
Chute ou Cascade
Fleuve
Affluent
OUEST
Rive droite
Rive gauche
Chaîne de Montagnes
EST
Embouchure
Côtes
Golfe
Colline
Montagne
Vallée
Isthme
Port
Presqu'île
Île
Archipel
Rade
MER
INTÉRIEURE
Côtes
Désert
Cratère Volcan
Détroit
Côtes
Oasis
SUD
Chaîne de Montagnes
Port
Fleuve et Affluent
Cataracte
Orientation
O
E
N
S

1. Qu'est-ce que la **Géographie ?**
La **Géographie** est la description de la Terre ou du globe que nous habitons.
2. De quoi se compose le globe ?
Le **globe** se compose de **terres** et d'**eaux**.

DIVISION DES TERRES

3. Qu'est-ce qu'un **continent ?**
Un **continent** est une étendue considérable de terre qu'on peut parcourir sans traverser les mers.
4. Qu'est-ce qu'une **île ?**
Une **île** est une étendue de terre moins considérable qu'un continent et entièrement entourée d'eau.
5. Qu'est-ce qu'un **archipel ?**
Un **archipel** est une réunion d'îles placées les unes près des autres.
6. Qu'est-ce qu'une **presqu'île ?**
Une **presqu'île** est une étendue de terre presqu'entièrement entourée d'eau et qui ne tient au continent que par un de ses côtés.
7. Qu'est-ce qu'un **isthme ?**
Un **isthme** est une langue de terre très-étroite qui joint une presqu'île à un continent.
8. Qu'est-ce qu'une **montagne ?**
Une **montagne** est une masse considérable de terre et de rochers qui s'élève au-dessus des continents et des îles.
9. Qu'est-ce qu'une **chaîne de montagnes ?**
Une **chaîne de montagnes** est la réunion d'un grand nombre de montagnes qui se touchent par la base ou partie inférieure.
10. Qu'est-ce qu'un **volcan ?**
Un **volcan** est une montagne qui vomit du feu, de la fumée et de la cendre par une ouverture qu'on nomme **cratère**.
11. Qu'appelle-t-on **côtes ?**
On appelle **côtes** les endroits où la mer vient baigner la terre.
12. Comment appelle-t-on les côtes escarpées et formées de rochers élevés ?
On appelle **falaises** les côtes escarpées et formées de rochers élevés.

13. Comment appelle-t-on les côtes peu élevées ?
On appelle **plages** les côtes peu élevées.
14. Comment appelle-t-on les côtes formées par des collines de sable ?
On appelle **dunes** les côtes formées par des collines de sable.
15. Qu'est-ce qu'un **cap** *ou* **promontoire ?**
Un **cap** ou **promontoire** est une pointe de terre élevée qui s'avance dans la mer.
16. Qu'est-ce qu'une **colline ?**
Une **colline** est une petite montagne qui s'élève en pente douce au-dessus d'une plaine.
17. Qu'est-ce qu'une **vallée ?**
Une **vallée** est un enfoncement prolongé entre des montagnes ou des collines.
18. Qu'est-ce qu'une **plaine ?**
Une **plaine** est une étendue de pays unie et plate.
19. Qu'est-ce qu'un **désert ?**
Un **désert** est une immense plaine stérile et inhabitée.
20. Qu'est-ce qu'une **oasis ?**
Une **oasis** est un petit espace au milieu des déserts, arrosé par des sources et couvert de végétation.

DIVISION DES EAUX

21. Qu'est-ce que **l'Océan ?**
L'**Océan** est l'immense étendue d'eau salée qui couvre presque les trois quarts du globe.
22. Qu'est-ce qu'une **mer ?**
Une **mer** est une portion d'*Océan* qui pénètre dans les terres.
23. Qu'est-ce qu'un **golfe ?**
Un **golfe** est une portion de *mer* qui s'avance dans les terres.
24. Qu'est-ce qu'une **rade** *ou* **baie ?**
Une **rade** ou **baie** est un petit *golfe* où les vaisseaux peuvent trouver un abri contre les vents.
25. Qu'est-ce qu'un **port ?**
Un **port** est une petite *baie* naturelle ou faite par la main des hommes pour offrir un asile sûr aux vaisseaux qui y reçoivent ou y transportent ordinairement des marchandises.

26. *Qu'est-ce qu'un* **détroit ?**

Un **détroit** est un bras de mer étroit, resserré entre deux terres et qu'on nomme aussi *canal, pas* ou *phare.*

27. *Qu'est-ce qu'un* **écueil** *ou* **récif ?**

Un **écueil** ou **récif** est un rocher à fleur d'eau, contre lequel les vaisseaux vont quelquefois se briser.

28. *Qu'est-ce qu'un* **banc de sable ?**

Un **banc de sable** est un grand amas de sable qui forme un écueil.

29. *Qu'est-ce qu'un* **ruisseau ?**

Un **ruisseau** est un petit cours d'eau formé par des sources et qui se perd dans une rivière ou dans un fleuve.

30. *Qu'est-ce qu'une* **rivière ?**

Une **rivière** est un cours d'eau formé par la réunion de plusieurs ruisseaux.

31. *Qu'est-ce qu'un* **torrent ?**

Un **torrent** est un cours d'eau rapide, produit par les pluies et qui ne dure que peu de temps.

32. *Qu'est-ce qu'un* **fleuve ?**

Un **fleuve** est une rivière considérable qui porte ses eaux jusqu'à la mer.

33. *Comment appelle-t-on les rivières qui se jettent dans un fleuve ou dans une rivière plus considérable ?*

On appelle **affluents** les rivières qui se jettent dans un fleuve ou dans une rivière plus considérable.

34. *Citez un* **affluent.**

La **Marne** qui se jette dans la Seine, près Paris.

35. *Comment appelle-t-on l'endroit où deux cours d'eau se réunissent ?*

On appelle **confluent** l'endroit où deux cours d'eau se réunissent.

36. *Qu'appelle-t-on* **source ?**

On appelle **source** l'endroit où commence à couler un ruisseau un fleuve ou une rivière.

37. *Qu'appelle-t-on* **embouchure ?**

On appelle **embouchure** l'endroit où un fleuve ou une rivière se jette dans la mer.

38. *Qu'appelle-t-on* **rive droite** *et* **rive gauche ?**

On appelle **rive droite** et **rive gauche** les bords qu'aurait à sa droite et à sa gauche une personne qui suivrait le cours de l'eau.

39. *Qu'appelle-t-on* **chute** *ou* **cataracte ?**

On appelle **chute** ou **cataracte** ce que forme une rivière ou un fleuve en tombant d'un endroit élevé.

40. *Qu'est-ce qu'un* **canal ?**

Un **canal** est un cours d'eau creusé par la main des hommes pour faciliter le transport des marchandises.

41. *Qu'est-ce qu'un* **lac ?**

Un **lac** est une étendue d'eau entourée de terre de tous côtés.

42. *Qu'est-ce qu'un* **étang ?**

Un **étang** est un petit lac.

43. *Qu'est-ce qu'un* **marais ?**

Un **marais** est un lieu rempli de plantes aquatiques et couvert d'une eau stagnante.

———

POINTS CARDINAUX

44. *Quels sont les quatre points dont on se sert pour déterminer la position des différents lieux de la terre ?*

L'**Est**, l'**Ouest**, le **Nord** et le **Sud**.

45. *Qu'est-ce que l'***Est ?**

L'**Est** ou *Levant* est le point où le soleil semble se lever.

46. *Qu'est-ce que l'***Ouest ?**

L'**Ouest** ou *Couchant* est le point où le soleil semble se coucher.

47. *Qu'est-ce que le* **Nord ?**

Le **Nord** est le point qu'on a devant soi, quand on a le levant à sa droite et le couchant à sa gauche.

48. *Qu'est-ce que le* **Sud ?**

Le **Sud** est le point opposé au Nord.

49. *Où sont placés les quatre points sur les cartes ?*

Sur les cartes, l'**Est** est à droite, l'**Ouest** à gauche, le **Nord** en haut et le **Sud** en bas.

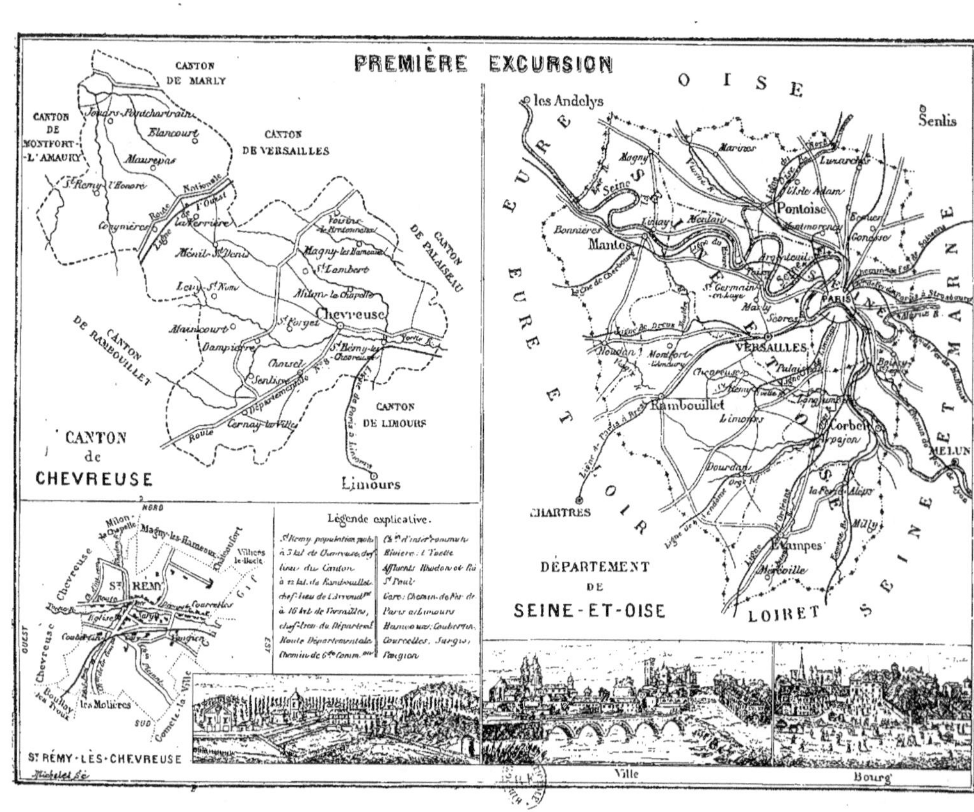

PREMIÈRE EXCURSION
CANTON DE MARLY
CANTON DE MONTFORT-L'AMAURY
CANTON DE VERSAILLES
CANTON DE PALAISEAU
CANTON DE RAMBOUILLET
CANTON DE LIMOURS
Jouars-Pontchartrain
Elancourt
Maurepas
St Rémy l'Honoré
Coignières
la Verrière
Voisins le Bretonneux
Ménil-St-Denis
Magny-les-Hameaux
St Lambert
Levy-St-Nom
Milon-la-Chapelle
Chevreuse
Maincourt
St Forget
Dampierre
St Rémy-lès-Chevreuse
Choisel
Senlisse
Cernay-la-Ville
Limours
Route Nationale de l'Ouest
Ligne
Route Départementale
Route de Paris à Limours
CANTON de CHEVREUSE
NORD
OUEST
EST
SUD
Milon la Chapelle
Magny-les-Hameaux
Châteaufort
Villiers le-Bâcle
Chevreuse
St RÉMY
Route
Eglise
Courcelles
Pargis
Combe taté
les Molières
Boullay les Troux
Chemin de Gde Comm.on
St RÉMY-LÈS-CHEVREUSE
Michelet Sc.
Légende explicative.
St Rémy population pre
à 5 kil. de Chevreuse, chef
lieu du Canton
à 12 kil. de Rambouillet,
chef-lieu de l'Arrond.t
à 16 kil. de Versailles,
chef-lieu du Département.
Route Départementale
Chemin de Gde Comm.on
Ch. d'intérêt commun.
Rivière: l'Yvette
Affluents: Rhodon et Rû
St Paul.
Gare: Chemin de Fer de
Paris à Limours.
Hameaux: Coubertin,
Courcelles, Jargis,
Pargion.
OISE
les Andelys
Senlis
EURE
EURE ET LOIR
SEINE ET MARNE
SEINE ET OISE
Magny
Marines
Luzarches
la Seine
l'Oise
l'Isle-Adam
Meulan
Pontoise
Montmorency
Gonesse
Bonnières
Mantes
St Germain-en-Laye
PARIS
Marly
Sceaux
Houdan
Montfort-l'Amaury
VERSAILLES
Chevreuse
Palaiseau
Rambouillet
Limours
Corbeil
Arpajon
MELUN
Dourdan
la Ferté-Alais
Milly
Etampes
Méréville
CHARTRES
LOIRET
DÉPARTEMENT DE SEINE-ET-OISE
Ville
Bourg

PREMIÈRE EXCURSION

1. *Qu'est-ce qu'une* **commune** ?
Une **commune** est une certaine étendue de territoire, administrée par un maire et par un conseil municipal.
2. *De quoi une commune se compose-t-elle ?*
Une *commune*, **village, bourg** ou **ville**, se compose non-seulement de maisons et de fermes, mais encore des terres qui les environnent.
3. *Qu'est-ce qu'un* **hameau** ?
Un **hameau** est un petit groupe de maisons écartées d'une commune, comme **Vaugien**, dépendant de la commune de *Saint-Remy-lès-Chevreuse*.
4. *Qu'est-ce qu'un* **village** ?
Un **village** est une petite commune ou un groupe d'habitations, composé principalement de maisons d'agriculteurs, comme **Saint-Remy-lès-Chevreuse**.
5. *En quoi diffère-t-il du hameau ?*
Le **village** diffère du hameau en ce que le premier possède un maire, un conseil municipal, une église et des écoles, comme **Saint-Remy**.
6. *Qu'est-ce qu'un* **bourg** ?
Un **bourg** est un assemblage de maisons plus considérable qu'un village et où se tient ordinairement un marché.
7. *Qu'est-ce qu'un* **canton** ?
Un **canton** est une étendue de territoire ou de pays, comprenant un certain nombre de *communes*, comme celui de **Chevreuse**.
8. *Comment appelle-t-on le lieu principal d'un canton ?*
On l'appelle **chef-lieu de canton**.
9. *En quoi le chef-lieu de canton diffère-t-il des autres communes?*
Le **chef-lieu** de canton diffère des autres communes en ce qu'il est la résidence d'un juge de paix et d'autres fonctionnaires, tels que les receveurs de la poste, de l'enregistrement, etc.
10. *Que forme la réunion de plusieurs cantons ?*
La réunion de plusieurs cantons forme un **arrondissement**.
11. *Comment appelle-t-on la commune la plus importante d'un arrondissement ?*
On l'appelle **chef-lieu d'arrondissement** ou **sous-préfecture**.
12. *En quoi le chef-lieu d'arrondissement diffère-t-il du chef-lieu de canton ?*
Le **chef-lieu d'arrondissement** diffère du chef-lieu de canton en ce que le premier est la résidence de fonctionnaires plus élevés, chargés de l'administration de l'arrondissement.

13. *Que forme la réunion de plusieurs arrondissements ?*
La réunion de plusieurs arrondissements forme un **département**.
14. *Qu'est-ce qu'un* **département** ?
Un **département** est une division du territoire français, administrée par un **préfet**.
15. *Comment appelle-t-on le lieu où réside le préfet ?*
On l'appelle **chef-lieu de département**.
16. *Que remarque-t-on dans un chef-lieu de département ?*
Dans un chef-lieu de département on remarque ordinairement la préfecture, la cathédrale, le palais de justice, des hôpitaux, un lycée ou collège et beaucoup d'autres monuments, tels que casernes, théâtres, etc.
17. *Qu'appelle-t-on* **préfecture** ?
On appelle **préfecture** l'hôtel dans lequel réside le préfet.
18. *Qu'est-ce qu'une* **cathédrale** ?
Une **cathédrale** est l'église principale où préside l'évêque chargé de l'administration religieuse d'un *diocèse* ou département.
19. *Qu'appelle-t-on* **palais de justice** ?
On appelle **palais de justice** l'édifice où siègent les juges chargés surtout des affaires importantes et particulièrement de la *Cour d'assises*.
20. *Qu'est-ce qu'un* **hôpital** ?
Un **hôpital** est une maison où l'on reçoit et où l'on traite gratuitement les malades.
21. *Qu'est-ce qu'un* **lycée** ou **collège** ?
Un **lycée** ou **collège** est un établissement où l'on reçoit une instruction supérieure à celle des écoles.
22. *Quel nom donne-t-on en outre aux chefs-lieux d'arrondissement et de département ?*
On leur donne le nom de **ville**, nom qui convient également à beaucoup d'autres lieux considérables.
23. *Combien la France compte-t-elle de départements ?*
La France compte **quatre-vingt-six** départements.
24. *De qui les départements dépendent-ils ?*
Les départements dépendent du **Gouvernement** résidant à Paris.
25. *Qu'est-ce que* **Paris** ?
Paris est la capitale de la France, l'une des villes les plus peuplées et la plus belle du monde.

26. *En quoi Paris diffère-t-il des autres chefs-lieux ?*
Paris diffère des autres chefs-lieux en ce qu'il est la résidence du Gouvernement et que tous les fonctionnaires du territoire français en dépendent.

27. *Quelles sont les voies principales de communication ?*
Les chemins de fer et les routes.

28. *Qu'est-ce qu'un chemin de fer ?*
Un chemin de fer est une route sur laquelle sont transportées, sur des *rails* ou lames de fer, des voitures, au moyen d'une machine à vapeur appelée *locomotive*.

29. *Comment appelle-t-on les autres routes ?*
On appelle les autres routes routes nationales et routes départementales.

30. *Qu'appelle-t-on routes nationales et routes départementales ?*
On appelle routes nationales celles qui sont entretenues par l'État et qui traversent la France, ayant Paris pour point de départ, et routes départementales celles qui font communiquer les départements entre eux et qui sont à leur charge.

31. *Qu'appelle-t-on chemins de grande communication et chemins d'intérêt commun ?*
On appelle chemins de grande communication ceux qui unissent des localités importantes et chemins d'intérêt commun ceux qui sont entretenus par plusieurs communes.

32. *Qu'appelle-t-on chemins vicinaux ?*
On appelle chemins vicinaux ceux qui unissent ordinairement les communes ou villages.

33. *Que remarque-t-on sur les routes ?*
On remarque sur les routes de petites bornes qui servent à indiquer la distance d'une commune à une autre. Chaque borne désigne un kilomètre ou mille mètres. Les kilomètres sont encore divisés en hectomètres, désignés par des bornes plus petites.

34. *Quelle est la seconde carte de cet atlas ?*
La carte du département de Seine-et-Oise, au milieu duquel se trouve celui de la Seine.

35. *Qu'est-ce qu'une carte ?*
Une carte est un dessin qui représente la terre ou une de ses parties, comme le département de *Seine-et-Oise*.

36. *Quel village ou quelle commune pourriez-vous citer dans le canton de* Chevreuse ? — Saint-Remy-lès-Chevreuse.

37. *Dans quel arrondissement* Saint-Remy *est-il situé ?*
Saint-Remy est situé dans l'arrondissement de Rambouillet.

38. *Quel est le chef-lieu du département ?* — Versailles.

39. *Par quelle route peut-on se rendre à* Chevreuse, *chef-lieu de canton et à* Rambouillet, *chef-lieu d'arrondissement ?*
Par la route départementale n° 8.

40. *Par quelles routes peut-on se rendre de Saint-Remy à Versailles ?*
Par la route départementale n° 8, qui conduit à Chevreuse, et par le chemin de grande communication n° 46.

41. *Citez des hameaux qui dépendent de Saint-Remy.*
Coubertin, Courcelles, Sargis et Vaugien.

42. *Quelle est la rivière qui passe à Saint-Remy ?*
L'Yvette, qui se jette dans l'*Orge* après un parcours de 23 kilomètres.

43. *Quels sont ses affluents à Saint-Remy ?*
Le Rhodon et le ru Saint-Paul.

44. *Sur quel chemin de fer Saint-Remy est-il situé ?*
Sur le chemin de fer de Paris à Limours.

45. *Quel est le fleuve qui arrose le département de Seine-et-Oise ?*
La Seine.

46. *D'où lui vient son nom de* Seine-et-Oise
De la Seine et de l'Oise, rivière qui se jette, à quelque distance de Pontoise, dans la Seine, dont elle est un des principaux affluents.

47. *En combien d'arrondissements le département de Seine-et-Oise est-il divisé ?*
En six arrondissements : ceux de Versailles, Mantes, Rambouillet, Étampes, Corbeil et Pontoise.

48. *Quels sont les cantons dont est formé l'arrondissement de Rambouillet ?*
Ceux de Rambouillet, Monfort-l'Amaury, Chevreuse, Limours et Dourdan.

49. *Quelle est la position de Saint-Remy par rapport à Versailles ?*
Saint-Remy est situé au sud de Versailles.

50. *Comment le reconnaît-on sur la carte ?*
Parce que Saint-Remy est situé au-dessous de Versailles.

51. *Comment peut-on s'orienter, c'est-à-dire reconnaître les quatre points cardinaux du lieu où l'on se trouve ?*
Pour s'orienter, il suffit d'avoir à sa droite le soleil levant. On a alors le couchant à sa gauche, le nord devant soi et le sud derrière soi.

FRANCE
ANGLETERRE
MANCHE
BELGIQUE
ALLEMAGNE
OCÉAN ATLANTIQUE
SUISSE
ITALIE
ESPAGNE
MER MÉDITERRANÉE
Golfe de Gascogne
Golfe de Gênes
Golfe du Lion
OUEST
EST
NORD
SUD
NORD
PAS DE CALAIS
SOMME
AISNE
ARDENNES
SEINE INFRE
OISE
MARNE
MEUSE
EURE
MANCHE
CALVADOS
ORNE
EURE ET LOIR
SEINE ET MARNE
SEINE ET OISE
AUBE
HAUTE MARNE
VOSGES
MEURTHE ET MOSELLE
HAUTE SAÔNE
FINISTERE
CÔTES DU NORD
ILLE ET VILAINE
MAYENNE
SARTHE
LOIRET
YONNE
CÔTE D'OR
DOUBS
JURA
MORBIHAN
LOIRE INFRE
MAINE ET LOIRE
LOIR ET CHER
LOIRET
NIÈVRE
SAÔNE ET LOIRE
INDRE ET LOIRE
INDRE
CHER
VENDÉE
DEUX SÈVRES
VIENNE
CREUSE
ALLIER
RHÔNE
AIN
HAUTE SAVOIE
CHARENTE INFRE
CHARENTE
HAUTE VIENNE
PUY DE DÔME
LOIRE
ISÈRE
SAVOIE
CORRÈZE
CANTAL
HTE LOIRE
ARDÈCHE
DRÔME
HTES ALPES
GIRONDE
DORDOGNE
LOT
AVEYRON
LOZÈRE
GARD
VAUCLUSE
BSES ALPES
ALPES MARITIMES
LANDES
LOT ET GARONNE
TARN ET GARONNE
TARN
HÉRAULT
BCHES DU RHÔNE
VAR
GERS
HTE GARONNE
AUDE
PYRÉNÉES ORIENTLES
BASSES PYRÉNÉES
HAUTES PYRÉNÉES
ARIÈGE
CORSE
Douvres
Calais
Dunkerque
Bruxelles
Liège
Lille
Arras
Amiens
Laon
Mézières
Rouen
Beauvais
Evreux
Reims
Châlons
Bar le Duc
Verdun
Stuttgard
Cherbourg
le Hâvre
Caen
St Lô
Alençon
Chartres
Versailles
Melun
Troyes
Chaumont
Épinal
Colmar
Mulhouse
BELFORT
St Brieuc
Rennes
Laval
Le Mans
Orléans
Auxerre
Dijon
Vesoul
Besançon
Bâle
Berne
Quimper
Vannes
Angers
Tours
Blois
Bourges
Nevers
Moulins
Lons le Saulnier
L. de Constance
L. de Genève
St Nazaire
Nantes
la Roche sur Yon
Niort
Poitiers
Châteauroux
Guéret
Bourg
Genève
Annecy
Chambéry
Milan
La Rochelle
Angoulême
Limoges
Clermond
St Étienne
Lyon
Grenoble
Bordeaux
Périgueux
Tulle
Aurillac
Le Puy
Privas
Valence
Gap
Digne
Nice
Agen
Cahors
Rodez
Mende
Nîmes
Avignon
Draguignan
Toulon
Mont de Marsan
Montauban
Albi
Montpellier
Marseille
Bayonne
Pau
Tarbes
Toulouse
Carcassonne
Foix
Perpignan
Bastia
Ajaccio
1 d'Aurigny
1 Guernesey
1 Jersey
1 Ré
1 Oléron
1 d'Hyères
Michelot Sc.

ANCIENNES PROVINCES
SUBDIVISÉES AUJOURD'HUI
EN 86 DÉPARTEMENTS

1º Nord
1 Flandre . Cap. Lille
2 Artois . Arras
3 Picardie . Amiens
4 Normandie . Rouen
5 Ile de France . Paris
6 Champagne . Troyes

II Est
1 Lorraine . Cap. Nancy
2 Franche-Comté . Besançon
3 Bourgogne . Dijon
4 Lyonnais . Lyon
5 Dauphiné . Grenoble
6 Savoie . Chambéry

III Sud
1 Comté de Nice . Cap. Nice
2 Provence . Aix
3 Venaissin . Avignon
4 Languedoc . Toulouse
5 Roussillon . Perpignan
6 Comté de Foix . Foix
7 Béarn . Pau
8 Gascogne . Auch
9 Guyenne . Bordeaux
10 Corse . Bastia

IV Ouest
1 Bretagne . Cap. Rennes
2 Anjou . Angers
3 Poitou . Poitiers
4 Saintonge . La Rochelle
5 Angoumois . Angoulême
6 Maine . Le Mans

V Centre
1 Orléanais . Cap. Orléans
2 Touraine . Tours
3 Berry . Bourges
4 Nivernais . Nevers
5 Bourbonnais . Moulins
6 Marche . Guéret
7 Limousin . Limoges
8 Auvergne . Clermont

FRANCE — 36.360.000 habitants.

1. Quelles sont les limites de la France ?

La France a pour limites 1° au nord, la *Manche* et la *Belgique* ; 2° à l'est, l'*Allemagne*, la *Suisse* et l'*Italie* ; 3° au sud, la *Méditerranée* et l'*Espagne* et 4° à l'ouest, l'*Océan Atlantique*.

2. En combien de départements la France est-elle divisée ?

La France est divisée en 86 départements : 1° 17 au nord ; 2° 17 à l'est ; 3° 25 au sud ; 4° 1 dans la Méditerranée ; 5° 13 à l'ouest et 6° 13 au centre.

I. — DÉPARTEMENTS DU NORD

3. Quels sont les six premiers départements situés au nord et quels en sont les chefs-lieux ?

Les six premiers départements situés au nord sont : 1° le département du *Nord*, chef-lieu **Lille** ; 2° du *Pas-de-Calais*, chef-lieu **Arras** ; 3° de la *Seine-Inférieure*, chef-lieu **Rouen** ; 4° de la *Somme*, chef-lieu **Amiens** ; 5° de l'*Aisne*, chef-lieu **Laon** et 6° des *Ardennes*, chef-lieu **Mézières**.

4. Quels sont les six suivants au nord ?

Les six suivants au nord sont : 7° le département de la *Manche*, chef-lieu **Saint-Lô** ; 8° du *Calvados*, chef-lieu **Caen** ; 9° de l'*Orne*, chef-lieu **Alençon** ; 10° de l'*Eure*, chef-lieu **Evreux** ; 11° de la *Seine*, chef-lieu **Paris** et 12° de *Seine-et-Oise*, chef-lieu **Versailles**.

5. Quels sont les cinq derniers au nord ?

Les cinq derniers au nord sont : 13° le département de l'*Oise*, chef-lieu **Beauvais** ; 14° de *Seine-et-Marne*, chef-lieu **Melun** ; 15° de la *Marne*, chef-lieu **Châlons** ; 16° de l'*Aube*, chef-lieu **Troyes** et 17° de la *Haute-Marne*, chef-lieu **Chaumont**.

6. Quelles sont les trois villes les plus importantes des départements du nord ?

Les trois villes les plus importantes des départements du nord sont : **Paris**, sur la Seine, capitale de la France ; **Rouen**, sur le même fleuve et **Lille**.

7. Quel est le fleuve qui baigne quelques-uns de ces départements ?

La Seine, qui prend sa source dans le département de la Côte-d'Or et qui se jette dans la mer de la Manche, près le Havre, après un parcours de 800 kilomètres.

8. Quels sont les principaux affluents de la Seine ?

Les principaux affluents de la Seine sont l'*Yonne*, l'*Aube*, la *Marne* et l'*Oise*.

II. — DÉPARTEMENTS DE L'EST

9. Quels sont les six premiers départements situés à l'est et quels en sont les chefs-lieux ?

Les six premiers départements situés à l'est sont : 1° le département de la *Meuse*, chef-lieu **Bar-le-Duc** ; 2° de *Meurthe-et-Moselle*, ch.-l. **Nancy** ; 3° des *Vosges*, chef-lieu **Epinal** ; 4° de la *Haute-Saône*, chef-lieu **Vesoul** ; 5° du *Doubs*, chef-lieu **Besançon** et 6° de l'*Yonne*, chef-lieu **Auxerre**.

10. Quels sont les six suivants à l'est ?

Les six suivants à l'est sont : 7° le département de la *Côte-d'Or*, chef-lieu **Dijon** ; 8° du *Jura*, chef-lieu **Lons-le-Saulnier** ; 9° de *Saône-et-Loire*, chef-lieu **Macon** ; 10° de la *Loire*, chef-lieu **Saint-Etienne** ; 11° du *Rhône*, chef-lieu **Lyon** et 12° de l'*Ain*, chef-lieu **Bourg**.

11. Quels sont les cinq derniers à l'est ?

Les cinq derniers à l'est sont : 13° le département de l'*Isère*, chef-lieu **Grenoble** ; 14° de la *Drôme*, chef-lieu **Valence** ; 15° des *Hautes-Alpes*, chef-lieu **Gap** ; 16° de la *Savoie*, chef-lieu **Chambéry**, et 17° de la *Haute-Savoie*, chef-lieu **Annecy**.

12. Quels sont les départements qui ont été cédés à la Prusse en 1871 ?

1° Celui de la *Moselle*, chef-lieu **Metz** ; 2° celui du *Bas-Rhin*, chef-lieu **Strasbourg** et 3° une partie de celui du *Haut-Rhin*, chef-lieu **Colmar**.

13. Que forment-ils ?

Ces départements forment l'Alsace-Lorraine, à l'exception de l'arrondissement de Belfort.

14. Quelles sont les trois villes les plus importantes des départements de l'est ?

Les trois villes les plus importantes des départements de l'est sont Lyon, sur le Rhône, Saint-Etienne et Nancy.

15. Quels sont les fleuves qui baignent quelques-uns de ces départements ?

La Meuse et le **Rhône**.

16. Quelles sont les principales rivières ?

La *Moselle*, qui se jette dans le Rhin et la *Saône*, qui se jette dans le Rhône, à Lyon.

17. Quelles sont les principales montagnes situées à l'est ?

Les **Alpes**, les *Vosges* et le *Jura*.

18. *Quels sont les pics les plus élevés ?*
Le mont Blanc, pic le plus élevé de la France, dans le département de la Haute-Savoie, et le mont Pelvoux, dans le département des Hautes-Alpes.

III — DÉPARTEMENTS DU SUD

19. *Quels sont les neuf premiers départements situés au sud ?*
Les neuf premiers départements situés au sud sont : 1° le département des *Alpes-Maritimes*, chef-lieu Nice ; 2° des *Basses-Alpes*, chef-lieu Digne ; 3° du *Var*, chef-lieu Draguignan ; 4° des *Bouches-du-Rhône*, chef-lieu Marseille ; 5° de *Vaucluse*, chef-lieu Avignon ; 6° du *Gard*, chef-lieu Nîmes ; 7° de l'*Ardèche*, chef-lieu Privas ; 8° de la *Haute-Loire*, chef-lieu Le Puy et 9° de la *Lozère*, chef-lieu Mende.

20. *Quels sont les huit suivants au sud ?*
Les huit suivants au sud sont : 10° le département de l'*Aveyron*, chef-lieu Rodez ; 11° du *Lot*, chef-lieu Cahors ; 12° du *Tarn*, chef-lieu Alby ; 13° de l'*Hérault*, chef-lieu Montpellier ; 14° de l'*Aude*, chef-lieu Carcassonne ; 15° des *Pyrénées-Orientales*, chef-lieu Perpignan ; 16° de l'*Ariége*, chef-lieu Foix et 17° de la *Haute-Garonne*, chef-lieu Toulouse.

21. *Quels sont les huit derniers départements situés au sud ?*
Les huit derniers départements situés au sud sont : 18° le département des *Hautes-Pyrénées*, chef-lieu Tarbes ; 19° du *Gers*, chef-lieu Auch ; 20° du *Tarn-et-Garonne*, chef-lieu Montauban ; 21° du *Lot-et-Garonne*, chef-lieu Agen ; 22° de la *Dordogne*, chef-lieu Périgueux ; 23° de la *Gironde*, chef-lieu Bordeaux ; 24° des *Landes*, chef-lieu Mont-de-Marsan et 25° des *Basses-Pyrénées*, chef-lieu Pau.

22. *Indiquez trois villes importantes des départements du sud.*
Les trois villes les plus importantes des départements du sud sont Marseille, sur la mer Méditerranée, Bordeaux, sur la Garonne et Toulouse, sur le même fleuve.

23. *Quels sont les fleuves qui arrosent ces départements ?*
Le Rhône, qui prend sa source en Suisse et qui se jette dans la Méditerranée et la Garonne, qui prend sa source dans les Pyrénées et se jette dans l'Océan Atlantique, après avoir reçu le nom de *Gironde*.

24. *Quels sont les principaux affluents du Rhône ?*
Les principaux affluents du Rhône sont la *Saône*, l'*Isère* et la *Durance*.

25. *Quels sont les principaux affluents de la Gironde ?*
Les principaux affluents de la Gironde sont le *Tarn* et la *Dordogne*.

26. *Quelles sont les montagnes principales du sud ?*
Les *Cévennes* et les *Pyrénées*.

27. *Quel est le pic le plus élevé ?*
Le pic du Midi, dans le département des Basses-Pyrénées.

28. *Quel est le département situé dans la mer Méditerranée ?*
Celui de la *Corse*, chef-lieu Ajaccio.

IV. — DÉPARTEMENTS DE L'OUEST

29. *Quels sont les sept premiers départements situés à l'ouest ?*
Les sept premiers départements situés à l'ouest sont : 1° celui du *Finistère*, chef-lieu Quimper ; 2° des *Côtes-du-Nord*, chef-lieu Saint-Brieuc ; 3° du *Morbihan*, chef-lieu Vannes ; 4° d'*Ille-et-Vilaine*, chef-lieu Rennes ; 5° de la *Mayenne*, chef-lieu Laval ; 6° de la *Sarthe*, chef-lieu Le Mans , et 7° de la *Loire-Inférieure*, chef-lieu Nantes.

30. *Quels sont les six derniers à l'ouest ?*
Les six derniers à l'ouest sont : 8° celui de *Maine-et-Loire*, chef-lieu Angers ; 9° de la *Vendée*, chef-lieu La Roche-sur-Yon ; 10° des *Deux-Sèvres*, chef-lieu Niort ; 11° de la *Charente-Inférieure*, chef-lieu La Rochelle ; 12° de la *Charente*, chef-lieu Angoulême et 13° de la *Vienne*, chef-lieu Poitiers.

31. *Quelles sont les trois villes les plus importantes de l'ouest ?*
Les trois villes les plus importantes de l'ouest sont: Nantes, sur la Loire, Brest, sur l'Océan Atlantique et Angers.

32. *Quel est le fleuve qui arrose quelques-uns de ces départements ?*
La Loire, qui prend sa source dans le département de l'Ardèche et se jette dans l'Océan Atlantique.

33. *Quels sont les principaux affluents de la Loire ?*
L'*Allier*, le *Cher*, la *Vienne* et la *Mayenne*.

V. — DÉPARTEMENTS DU CENTRE

34. *Quels sont les sept premiers départements du centre ?*
Les sept premiers départements du centre sont : 1° celui d'*Eure-et-Loir*, chef-lieu Chartres ; 2° du *Loiret*, chef-lieu Orléans ; 3° de *Loir-et-Cher*, chef-lieu Blois ; 4° d'*Indre-et-Loire*, chef-lieu Tours ; 5° de l'*Indre*, chef-lieu Châteauroux ; 6° du *Cher*, ch.-l. Bourges et 7° de la *Nièvre*, chef-lieu Nevers.

35. *Quels sont les six derniers départements du centre ?*
Les six derniers du centre sont : 8° celui de l'*Allier*, chef-lieu Moulins ; 9° de la *Creuse*, chef-lieu Guéret ; 10° de la *Haute-Vienne*, ch.-l. Limoges ; 11° de la *Corrèze*, chef-lieu Tulle ; 12° du *Cantal*, ch.-l. Aurillac et 13° du *Puy-de-Dôme*, ch.-l. Clermont-Ferrand.

36. *Quelles sont les deux villes les plus importantes des départements du centre ?* — Orléans, sur la Loire et Clermont.

37. *Quel est le fleuve qui arrose ces départements ?* — La Loire.

38. *Quelle est la principale chaîne de montagnes ?*
Celle des monts d'Auvergne.

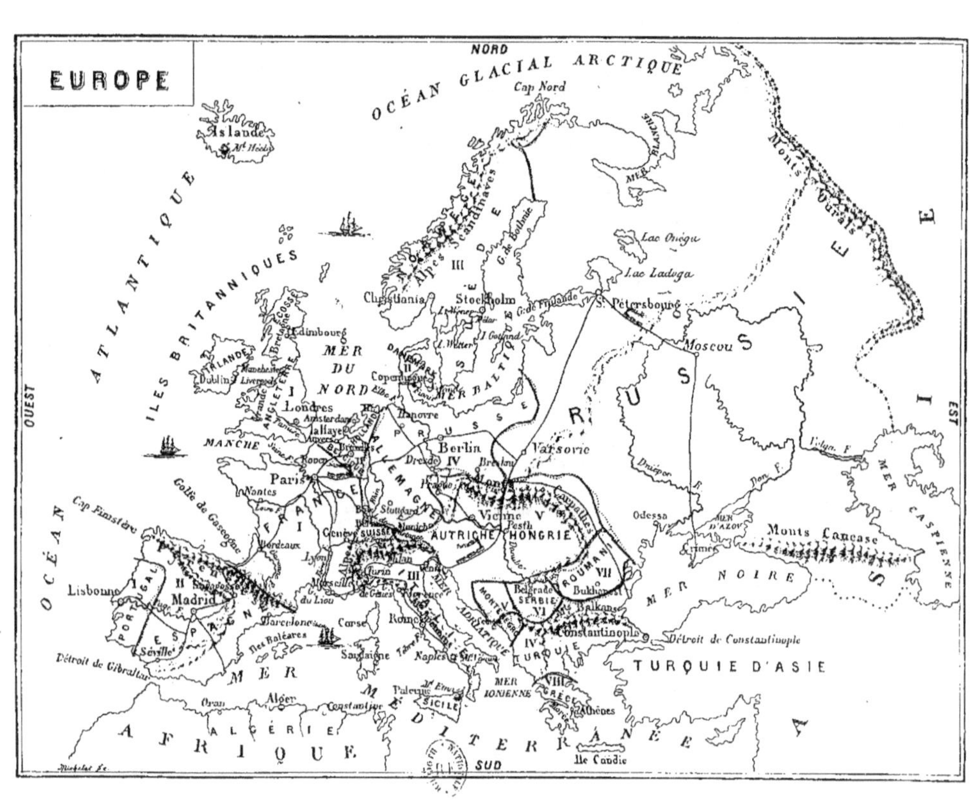

EUROPE
NORD
OCÉAN GLACIAL ARCTIQUE
Cap Nord
Islande
ATLANTIQUE
OUEST
ILES BRITANNIQUES
MER BLANCHE
Monts Ourals
ASIE
EST
Lac Onéga
Lac Ladoga
Christiania
Stockholm
S.t Pétersbourg
Moscou
RUSSIE
Edimbourg
MER DU NORD
ÉCOSSE
IRLANDE
Manchester
Dublin Liverpool
Copenhague
MER BALTIQUE
ANGLETERRE
Londres
La Haye
Amsterdam
Hanovre
Berlin
Varsovie
MANCHE
Brux.
ALLEMAGNE
Dresde
Breslau
PRUSSE
Rouen
Paris
FRANCE
Nantes
Stuttgart
Vienne
Pesth
AUTRICHE-HONGRIE
Dniéper
Odessa
MER D'AZOV
Crimée
Monts Caucase
MER CASPIENNE
Genève
SUISSE
Munich
Lyon
Turin
Milan
ROUMANIE
Bukharest
Cap Finistère
Golfe de Gascogne
Bordeaux
ESPAGNE
Lisbonne
PORTUGAL
Madrid
Barcelone
SERBIE
Belgrade
Balkans
MER NOIRE
Détroit de Constantinople
TURQUIE D'ASIE
Séville
Détroit de Gibraltar
Iles Baléares
Corse
Rome
Naples
Constantinople
TURQUIE
GRÈCE
Athènes
Oran
Alger
Constantine
SARDAIGNE
Palerme
SICILE
M.t Etna
MER IONIENNE
AFRIQUE
ALGÉRIE
MER MÉDITERRANÉE
SUD
Ile Candie
OCÉAN

EUROPE — 300.000.000 d'habitants.

1. *Quelles sont les limites de l'Europe ?*
Les limites de l'Europe sont au nord, l'Océan glacial arctique ; à l'est, l'Asie et la mer Caspienne ; au sud, les monts Caucase, la mer Noire et la mer Méditerranée et à l'ouest, l'Océan Atlantique.
2. *En combien de contrées l'Europe est-elle divisée ?*
L'Europe est divisée en dix-huit contrées principales : 3 au nord, 1 à l'est, 6 au centre et 8 au sud.

Contrées du Nord

3 *Quelles sont les trois contrées du nord ?*
Les trois contrées du nord sont : 1° les Iles Britanniques ; 2° le Danemark et 3° le royaume de Suède et de Norwège.

I. — ROYAUME DES ILES BRITANNIQUES — 33 millions d'habitants.

4. *Quelle est la capitale des Iles Britanniques ?*
Londres, ville la plus peuplée du monde.
5. *Dans quelle partie des Iles Britanniques est-elle située ?*
La ville de Londres est située en Angleterre, sur la Tamise.
6. *Quelles sont les deux autres villes les plus importantes de l'Angleterre ?* — Manchester et Liverpool.
7. *Quelles sont les deux autres contrées principales des Iles Britanniques ?*
L'Écosse, dont la ville principale est Édimbourg, et l'Irlande, dont la ville principale est Dublin.

II. — DANEMARK — 1 million 800.000 habitants.

8. *Quelle est la capitale du Danemark ?*
Copenhague, dans l'île Seeland.

III. — ROYAUME DE SUÈDE et NORWÈGE — 6 millions d'habitants.

9. *Quelle est la capitale du royaume de Suède et Norwège ?*
Stockholm, dans la Suède, sur le lac Mœlar.
10. *Par quelles montagnes la Suède est-elle séparée de la Norwège ?*
Par les Alpes scandinaves.
11. *Quelle est la ville principale de la Norwège ?* — Christiania.
12. *Quels sont les trois lacs de la Suède ?*
Le lac Wener, le lac Wetter et le lac Mœlar.
13. *Quel est le cap situé au nord de la Suède ?* — Le cap Nord.

Contrée de l'Est

EMPIRE DE RUSSIE — 80 millions d'habitants.

14. *Quelle est la contrée située à l'est de l'Europe ?*
L'empire de Russie.
15. *Quelle est la capitale de l'empire de Russie ?*
Saint-Pétersbourg.
16. *Quelles sont les deux autres villes principales de cet empire ?*
Moscou et Varsovie, ancienne capitale de la Pologne.
17. *Quelles sont les montagnes qui séparent la Russie de l'Asie ?*
Les monts Ourals.
18. *Quels sont les principaux fleuves de la Russie ?*
1° Le Volga, le plus grand fleuve de l'Europe, qui se jette dans la mer Caspienne ; 2° le Dniéper, qui se jette dans la mer Noire et 3° le Don, qui se jette dans la mer d'Azov.
19. *Quels sont les principaux lacs de la Russie ?*
Le lac Ladoga et le lac Onéga.

Mers, Golfes, Iles et Presqu'îles, au nord de l'Europe.

20. *Quels sont les deux grands Océans qui baignent les contrées au nord de l'Europe ?*
L'Océan glacial arctique et l'Océan Atlantique.
21. *Quelle mer forme l'Océan glacial arctique ?* — La mer Blanche.
22. *Quelles mers forme l'Océan Atlantique ?*
La mer Baltique, la mer du Nord et la mer de la Manche.
23. *Quels sont les golfes de la mer Baltique ?*
Le golfe de *Bothnie* et le golfe de *Finlande*.
24. *Quelles sont les îles principales situées dans la mer Baltique ?*
L'île *Gotland*, à la Suède ; l'île *Seeland* et l'île *Fionie*, au Danemark.
25. *Quelles sont les îles situées dans l'Océan Atlantique ?*
L'*Islande*, au Danemark ; la *Grande-Bretagne* ou l'Angleterre et l'Écosse, et l'*Irlande*.
26. *Quel est le volcan de l'Islande ?* — Le mont Hécla.
27. *Quelles sont les principales presqu'îles des contrées au nord et à l'est de l'Europe ?*
La Suède et la Norwège, une partie considérable du Danemark et la *Crimée*, au sud de la Russie.

Contrées du Centre

28. *Quelles sont les six contrées situées au centre de l'Europe ?*
Les six contrées situées au centre sont : 1° la France ; 2° la Belgique ; 3° la Hollande ; 4° l'empire d'Allemagne ; 5° l'empire d'Autriche-Hongrie et 6° la Suisse.

I. — FRANCE — 36 millions d'habitants.

29. *Quelle est la capitale de la France ?* — Paris, sur la Seine.

30. *Quelles sont les villes principales de la France ?*
Lyon, sur le Rhône ; **Marseille**, sur la Méditerranée ; **Bordeaux**, sur la Garonne ; **Nantes**, sur la Loire et **Rouen**, sur la Seine.

II. — BELGIQUE — 5 millions d'habitants.

31. *Quelle est la capitale de la Belgique ?* — **Bruxelles**.
32. *Quelle est la ville principale de la Belgique ?* — **Anvers**.

III. — HOLLANDE ou PAYS-BAS — 5 millions d'habitants.

33. *Quelle est la capitale de la Hollande ?* — **La Haye**.
34. *Quelle est la ville principale de la Hollande ?* — **Amsterdam**.

IV. — EMPIRE D'ALLEMAGNE — 40 millions d'habitants.

35. *De quoi se compose l'empire d'Allemagne ?*
Il se compose des royaumes de **Prusse**, de **Saxe**, de **Bavière** et de **Wurtemberg**, et d'un grand nombre de petits États.
36. *Quelle est la capitale de l'empire d'Allemagne ?*
Berlin, qui est en même temps la capitale de la Prusse.
37. *Citez d'autres villes de la Prusse.* — **Breslau** et **Hanovre**.
38. *Quelles sont les autres villes principales de l'Allemagne ?*
Dresde, capitale de la Saxe ; **Stuttgard**, capitale du Wurtemberg et **Munich**, capitale de la Bavière.
39. *Quels sont les grands fleuves de l'Allemagne ?*
1° Le **Danube**, second fleuve de l'Europe, qui coule encore dans l'Autriche-Hongrie et la Turquie ; 2° le **Rhin**, qui prend sa source en Suisse et se perd dans la mer du Nord, et 3° l'**Elbe**, qui prend sa source en Autriche et se jette dans la mer du Nord.

V. — EMPIRE D'AUTRICHE-HONGRIE — 36 millions d'habitants.

40. *De quoi se compose l'empire d'Autriche-Hongrie ?*
Il se compose de l'Autriche et de la Hongrie.
41. *Quelle en est la capitale ?* — **Vienne**, sur le Danube.
42. *Quelles sont les villes principales de l'Autriche-Hongrie ?*
Pesth et **Prague**.
43. *Quelles sont les principales montagnes de l'Autriche-Hongrie ?*
Les monts **Carpathes**.

VI. — SUISSE — 2 millions d'habitants.

44. *Quelles sont les principales villes de la Suisse ?*
Bâle, **Berne** et **Genève**.
45. *Quelles sont les principales montagnes de la Suisse ?* — Les **Alpes**.
46. *Quels sont les principaux lacs de cette contrée ?*
Le lac de **Constance** et celui de **Genève**.

Contrées du Sud

47. *Quelles sont les huit contrées situées au sud de l'Europe ?*
Les huit contrées situées au sud de l'Europe sont : 1° le **Portugal** ; 2° l'**Espagne** ; 3° l'**Italie** ; 4° la **Turquie** ; 5° le **Monténégro** ; 6° la **Serbie** ; 7° la **Roumanie** et 8° la **Grèce**.

I. — PORTUGAL — 4 millions d'habitants.

48. *Quelle est la capitale du Portugal ?* — **Lisbonne**, sur le Tage.

II. — ESPAGNE — 16 millions d'habitants.

49. *Quelle est la capitale de l'Espagne ?* — **Madrid**.
50. *Quelles sont les principales villes de l'Espagne ?*
Barcelone, sur la Méditerranée, **Saragosse** et **Séville**.
51. *Quelle est la principale chaîne de montagnes de cette contrée ?*
Les **Pyrénées**, au nord, qui la séparent de la France.
52. *Quel est le cap au nord-ouest de l'Espagne ?* — Le cap **Finistère**.
53. *Quel détroit sépare l'Espagne de l'Afrique ?* — Celui de **Gibraltar**.

III. — ITALIE — 27 millions d'habitants.

54. *Quelle est la capitale de l'Italie ?* — **Rome**, sur le Tibre.
55. *Quelles sont les villes principales ?*
Turin, **Milan**, **Florence**, **Venise**, **Naples** et **Palerme**.
56. *Citez des montagnes de l'Italie.* — Les **Apennins**.
57. *Quels sont les volcans de cette contrée ?*
Le **Vésuve**, près de Naples, et l'**Etna**, en Sicile.

IV. — TURQUIE — 9 millions d'habitants.

58. *Quelle est la capitale de la Turquie ?* — **Constantinople**.
59. *Quelles sont les montagnes de la Turquie ?* — Les **Balkans**.

V. — MONTÉNÉGRO — 200,000 habitants.

60. *Quelle est la capitale du Monténégro ?* — **Cettigne**.

VI. — SERBIE — 1 million d'habitants.

61. *Quelle est la capitale de la Serbie ?* — **Belgrade**.

VII. — ROUMANIE — 5 millions d'habitants.

62. *Quelle est la capitale de la Roumanie ?* — **Bukharest**.

VIII. — GRÈCE — 1 million d'habitants.

63. *Quelle est la capitale de la Grèce ?* — **Athènes**.
64. *Quel est le cap au sud de la Grèce ?* — Le cap **Matapan**.

Mers, Golfes, Îles, Presqu'îles et Détroits du sud de l'Europe.

65. *Quelles mers baignent les contrées du sud ?*
L'**Océan Atlantique** et la mer **Méditerranée**.
66. *Quelles mers forme la mer Méditerranée ?*
La mer Méditerranée forme trois mers principales, la mer *Adriatique*, la mer *Ionienne* et la mer *Noire*.
67. *Quels sont les principaux golfes de la mer Méditerranée ?*
Le golfe du *Lion* et celui de *Gênes*.
68. *Quelles sont les îles principales de la Méditerranée ?*
Les îles *Baléares*, à l'Espagne ; la *Corse*, à la France ; la *Sardaigne* et la *Sicile*, à l'Italie, et l'île de *Candie*, à la Turquie.
69. *Quelles sont les presqu'îles des contrées du sud ?*
L'Espagne et le Portugal, l'Italie et une partie de la Grèce.
70. *Quels sont les détroits de ces contrées ?*
Le détroit de **Gibraltar**, au sud de l'Espagne, et le détroit de **Constantinople**, entre Constantinople et l'Asie.

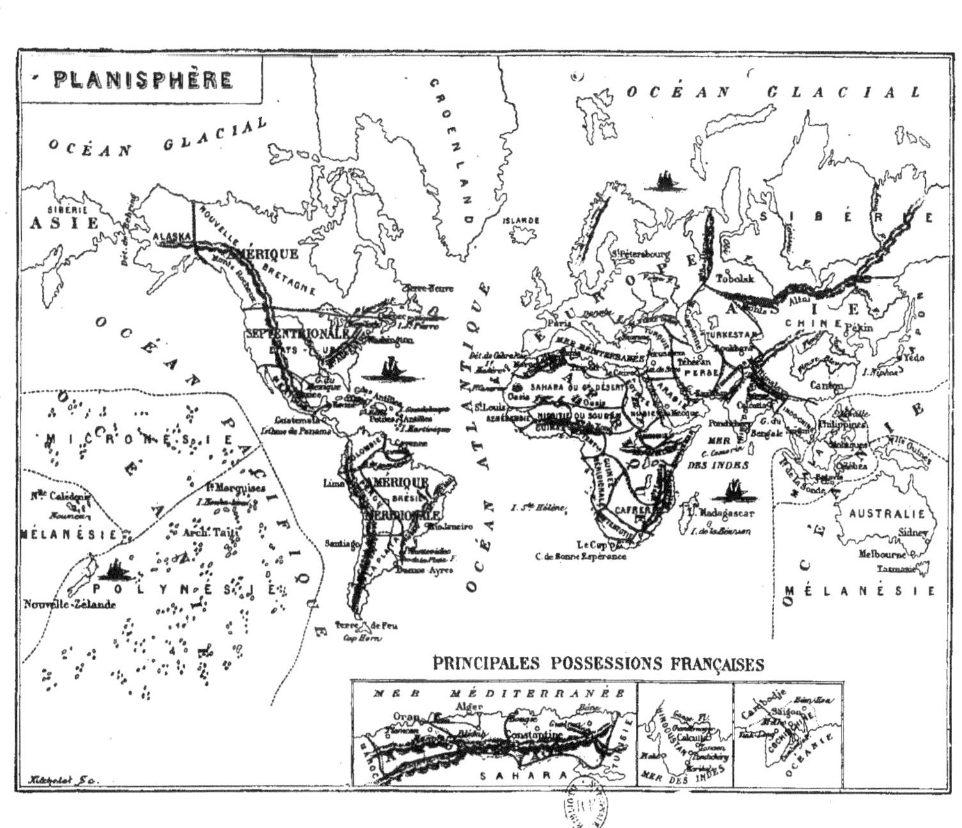

PLANISPHÈRE
OCÉAN GLACIAL
OCÉAN GLACIAL
GROENLAND
ISLANDE
SIBÉRIE
ASIE
SIBÉRIE
ALASKA
NOUVELLE BRETAGNE
AMÉRIQUE
Terre-Neuve
St Pierre
SEPTENTRIONALE
ÉTATS-UNIS
Washington
St Pétersbourg
Paris
EUROPE
Tobolsk
Altaï
ASIE
CHINE
Pékin
TURKESTAN
MER MÉDITERRANÉE
Dét. de Gibraltar
Téhéran
PERSE
Yedo
Canton
OCÉAN PACIFIQUE
G. du Mexique
Cuba Antilles
Guatemala
Isthme de Panama
OCÉAN ATLANTIQUE
SAHARA OU GD DÉSERT
Oasis
ARABIE
NUBIE
Mecque
Calcutta
G. du Bengale
Philippines
I.les Guinée
St Louis
SÉNÉGAL
NIGRITIE OU SOUDAN
GUINÉE
MER DES INDES
Pondichéry
MICRONÉSIE
Nlle Calédonie
Nouméa
Iles Marquises
I. Touka-hiva
Lima
AMÉRIQUE
BRÉSIL
MÉRIDIONALE
Rio-Janeiro
GUINÉE SUPÉRIEURE
GUINÉE INFÉRIEURE
CAFRERIE
I. Madagascar
I. de la Réunion
AUSTRALIE
Sidney
Melbourne
Tasmanie
MÉLANÉSIE
Arch. Taïti
MÉLANÉSIE
POLYNÉSIE
Nouvelle-Zélande
Santiago
Montevideo
Bouche de la Plata
Buenos-Ayres
Le Cap
C. de Bonne Espérance
I. Ste Hélène
Terre de Feu
Cap Horn
OCÉANIE
PRINCIPALES POSSESSIONS FRANÇAISES
MER MÉDITERRANÉE
Oran
Alger
Bougie
Bône
Tlemcen
Blidah
Constantine
TUNISIE
SAHARA
HINDOUSTAN
Chandernagor
Calcutta
Yanaon
Pondichéry
Karikal
Mahé
MER DES INDES
Cambodge
Saïgon
COCHINCHINE
Mytho
Vinh-Long
OCÉANIE
Nitchelot Sc.

PLANISPHÈRE

ASIE — 750.000.000 d'habitants.

1. *Quelle est la seconde partie du monde ?* — L'Asie.
2. *Quelles sont les montagnes qui la séparent de l'Europe ?*
Les monts Ourals.
3. *En combien de contrées l'Asie est-elle divisée ?* — L'Asie est divisée en **dix** contrées principales : 1 au nord, 6 au milieu et 3 au sud.

Contrée du Nord.

4. *Quelle est la contrée située au nord de l'Asie ?* — La Sibérie.
5. *Quels sont les principaux fleuves qui arrosent cette contrée ?*
L'Obi, l'Iénisséï et la Léna.
6. *Quelle est la ville principale de la Sibérie ?* — Tobolsk.

Contrées du Milieu.

7. *Quelles sont les contrées principales situées au milieu de l'Asie ?*
1° La **Turquie** d'Asie ; 2° la **Perse** ; 3° le **Turkestan** ; 4° l'Afghanistan ; 5° la **Chine** et 6° le **Japon**.
8. *Quelles sont les villes les plus célèbres de la Turquie d'Asie ?*
Jérusalem et Smyrne.
9. *Quelle est la capitale de la Perse ?* — Téhéran.
10. *Qu'est-ce que le Turkestan ?* — Le Turkestan est une contrée couverte d'immenses plaines, dont la ville principale est Boukhara.
11. *Quelle est la capitale de l'Afghanistan ?* — Kandahar.
12. *Quelle est la capitale de la Chine ?* — Pékin.
13. *Quelle est la seconde ville de la Chine ?* — Canton.
14. *Quels sont les principaux fleuves qui arrosent cette contrée ?*
L'Amour, le fleuve Jaune et le fleuve Bleu, qui se jettent dans le Grand-Océan ou Océan Pacifique.
15. *Quelle est la chaîne de montagnes qui sépare la Chine de l'Hindoustan ?* — La chaîne de l'Himalaya, la plus élevée de la terre.
16. *Quelles sont celles qui la séparent de la Sibérie ?* — Les Altaï.
17. *Quelle est la capitale du Japon ?* — Yeddo, dans l'île Niphon.

Contrées du Sud.

18. *Quelles sont les contrées principales situées au sud de l'Asie ?*
1° L'Arabie ; 2° l'Hindoustan et 3° l'Indo-Chine.
19. *Qu'est-ce que l'Arabie ?* — L'Arabie est une presqu'île située entre le golfe Persique et le golfe Arabique.
20. *Quelle est la ville principale de l'Arabie ?* — La Mecque.
21. *Quelle est la ville principale de l'Hindoustan ?* — Calcutta.
22. *Quel est le cap au sud de l'Hindoustan ?* — Le cap Comorin.
23. *Quel est le golfe qui sépare l'Hindoustan de l'Indo-Chine ?*
Le golfe du Bengale.

24. *Nommez des fleuves de l'Hindoustan.* — Le Gange et l'Indus.
25. *Quelle est la grande mer située au sud de l'Asie ?*
L'Océan Indien ou mer des Indes.
26. *Quelles sont les principales possessions françaises en Asie ?*
Les principales possessions françaises en Asie sont 1° le gouvernement de *Pondichéry*, dans l'Hindoustan, chef-lieu Pondichéry, et 2° la *Cochinchine française*, chef-lieu Saïgon, dans l'Indo-Chine.

AFRIQUE — 100.000.000 d'habitants.

27. *Quelle est la troisième partie du monde ?* — L'Afrique.
28. *Par quel détroit est-elle séparée de l'Europe ?*
Par le détroit de Gibraltar.
29. *En combien de contrées principales l'Afrique est-elle divisée ?*
L'Afrique est divisée en **seize** contrées principales : 5 au nord, 5 au milieu et 6 au sud.

Contrées du Nord.

30. *Quelles sont les principales contrées situées au nord ?*
Les cinq contrées principales situées au nord sont: 1° l'empire du Maroc; 2° l'Algérie; 3° la régence de Tunis; 4° celle de Tripoli, et 5° l'Égypte.
31. *Quelles sont les villes principales de ces contrées ?*
Maroc, capitale de l'empire du Maroc; Alger, capitale de l'Algérie, aux Français, Tunis, Tripoli et Le Caire, capitale de l'Égypte.

Contrées du Milieu.

32. *Quelles sont les cinq principales contrées du milieu de l'Afrique ?*
1° Le Sahara ou Grand Désert; 2° la Sénégambie; 3° la Guinée septentrionale; 4° la Nigritie ou Soudan et 5° l'Abyssinie.

Contrées du Sud.

33. *Quelles sont les six contrées principales du sud de l'Afrique ?*
Les six contrées principales situées au sud de l'Afrique sont 1° le Congo ou Guinée méridionale ; 2° le pays des Hottentots; 3° le gouvernement du Cap ; 4° la Cafrerie ; 5° le Mozambique et 6° le Zanguebar.
34. *Quelles sont les quatre grandes mers qui baignent l'Afrique ?*
1° La mer Méditerranée, au nord; 2° l'océan Atlantique, à l'ouest; 3° le Grand Océan ou océan Pacifique, au sud et 4° la mer des Indes ou Océan Indien, à l'est.
35. *Quelles sont les îles principales de l'Afrique ?* — 1° dans l'Océan Atlantique, les îles des Açores et de Madère, les îles Canaries et l'île Sainte-Hélène, où mourut Napoléon 1er ; et 2° dans la mer des Indes, l'île Madagascar et l'île de la Réunion.

36. *Nommez le cap principal de l'Afrique.* — **Bonne-Espérance.**
37. *Quelles sont les montagnes principales de l'Afrique ?*
1° Les monts **Atlas,** 2° les monts de la **Lune,** 3° les montagnes de **Kong** et 4° les monts **Lupata.**
38. *Quels sont les plus grands fleuves de l'Afrique ?*
1° Le **Nil,** qui se jette dans la mer Méditerranée, après avoir fertilisé l'Égypte, et 2° le **Niger,** qui se jette dans l'Océan Atlantique.
39. *Quelle est la mer située entre l'Afrique et l'Asie ?*
Le golfe **Arabique** ou mer **Rouge.**
40. *Quel est l'isthme qui unissait l'Afrique à l'Asie ?*
L'isthme de **Suez** coupé depuis 1870 par un canal de 170 kil.
41. *Quelles sont les principales possessions françaises en Afrique ?*
1° L'**Algérie,** chef-lieu **Alger,** villes principales **Oran** et **Constantine** ; 2° des établissements dans la **Sénégambie,** dont le chef-lieu est **Saint-Louis** et 3° l'île de la **Réunion.**

AMÉRIQUE — 100.000.000 d'habitants.

42. *Quelle est la quatrième partie du monde ?* — **L'Amérique.**
43. *En combien de parties l'Amérique est-elle divisée ?* — L'Amérique est divisée en **deux** grandes parties : 1° l'Amérique du **Nord** ou septentrionale, et 2° l'Amérique du **Sud** ou méridionale.

Amérique Septentrionale.

44. *Quelles sont les deux contrées principales situées au nord de l'Amérique septentrionale ?*
1° L'ancienne Amérique russe ou le territoire d'**Alaska** et 2° la **Nouvelle-Bretagne,** dont la ville principale est **Québec.**
45. *Quel est l'Océan au nord de ces contrées ?* — L'**Océan Glacial.**
46. *Par quel détroit le territoire d'Alaska est-il séparé de l'Asie ?*
Par le détroit de **Béring.**
47. *Quel est le fleuve principal de la Nouvelle-Bretagne ?*
Le fleuve **Saint-Laurent.**
48. *Quelle est la contrée située au milieu de l'Amérique septentrionale ?* — Les **États-Unis.**
49. *Quelle en est la capitale ?* — **Washington.**
50. *Quelle en est la ville la plus peuplée ?* — **New-York.**
51. *Citez le plus grand fleuve de cette contrée.* — Le **Mississipi.**
52. *Quelles sont les deux contrées situées au sud ?*
1° Le **Mexique,** capitale **Mexico,** et 2° l'Amérique centrale, dont la ville principale est **Guatémala.**
53. *Quelles sont les montagnes de l'Amérique septentrionale ?*
1° Les monts **Alléghanys,** dans les États-Unis, et 2° les monts **Rocheux** qui s'étendent depuis le nord jusqu'à l'isthme de Panama.
54. *Quel est l'isthme qui unit les deux Amériques ?*
L'isthme de **Panama.**

55. *Quelles sont les îles situées au sud de l'Amérique septentrionale ?*
Les grandes et les petites **Antilles.**
56. *Quelles sont les deux plus grandes îles des Antilles ?*
L'île de **Cuba,** capitale **La Havane,** aux Espagnols, et l'île **Haïti** ou **Saint-Domingue.**

Amérique Méridionale.

57. *Quelles sont les deux contrées principales situées au nord de l'Amérique méridionale ?* — **La Colombie** et les **Guyanes.**
58. *Quelles sont les principales contrées du milieu ?*
L'empire du **Brésil,** le **Pérou,** le **Chili,** l'**Uruguay** et **La Plata** ou **République Argentine.**
59. *Quelle est la capitale du Brésil ?* — **Rio-Janeiro.**
60. *Quel est le fleuve qui arrose cet empire ?*
Le fleuve des **Amazones,** un des plus grands fleuves du monde.
61. *Quelle est la capitale du Pérou ?* — **Lima.**
62. *Quelle est la capitale du Chili ?* — **Santiago.**
63. *Quelle est la capitale de La Plata et quelle est celle de l'Uruguay ?* — **Buénos-Ayres** et **Montevidéo.**
64. *Quelle est la contrée située au sud ?* — La **Patagonie.**
65. *Quelles sont les montagnes de l'Amérique méridionale ?*
La **Cordillère des Andes,** qui la parcourt du nord au sud, et les monts du **Brésil.**
66. *Quels sont les trois Océans qui baignent l'Amérique ?*
1° L'Océan **Glacial,** au nord ; 2° l'Océan **Atlantique,** à l'est, et 3° le **Grand Océan** ou Océan **Pacifique,** à l'ouest.
67. *Quelles sont les principales possessions françaises en Amérique ?*
1° Les îles **Saint-Pierre** et **Miquelon,** dans l'Amérique septentrionale ; 2° la **Guadeloupe** et la **Martinique,** dans les Petites-Antilles, et 3° la **Guyane** française, ville principale **Cayenne,** dans l'Amérique méridionale.

OCÉANIE — 30.000.000 d'habitants.

68. *Quelle est la cinquième partie du monde ?* — **L'Océanie.**
69. *En combien de parties divise-t-on l'Océanie ?*
L'Océanie se divise en quatre parties : 1° la **Malaisie,** 2° la **Micronésie,** 3° la **Polynésie** et 4° la **Mélanésie.**
70. *Quelles sont les îles principales de l'Océanie ?* — 1° Les îles de la **Sonde,** les **Célèbes,** les **Moluques,** dans la Malaisie ; 2° l'**Australie,** la **Nouvelle-Guinée** et la **Nouvelle-Calédonie,** dans la Mélanésie, et 3° la **Nouvelle Zélande,** dans la Polynésie.
71. *Quelle est la plus grande de ces îles ?* — **L'Australie.**
72. *Quelles sont les principales possessions françaises en Océanie ?*
1° La **Nouvelle-Calédonie,** capitale **Nouméa,** dans la Mélanésie et 2° l'archipel des îles **Marquises,** dans la Polynésie.

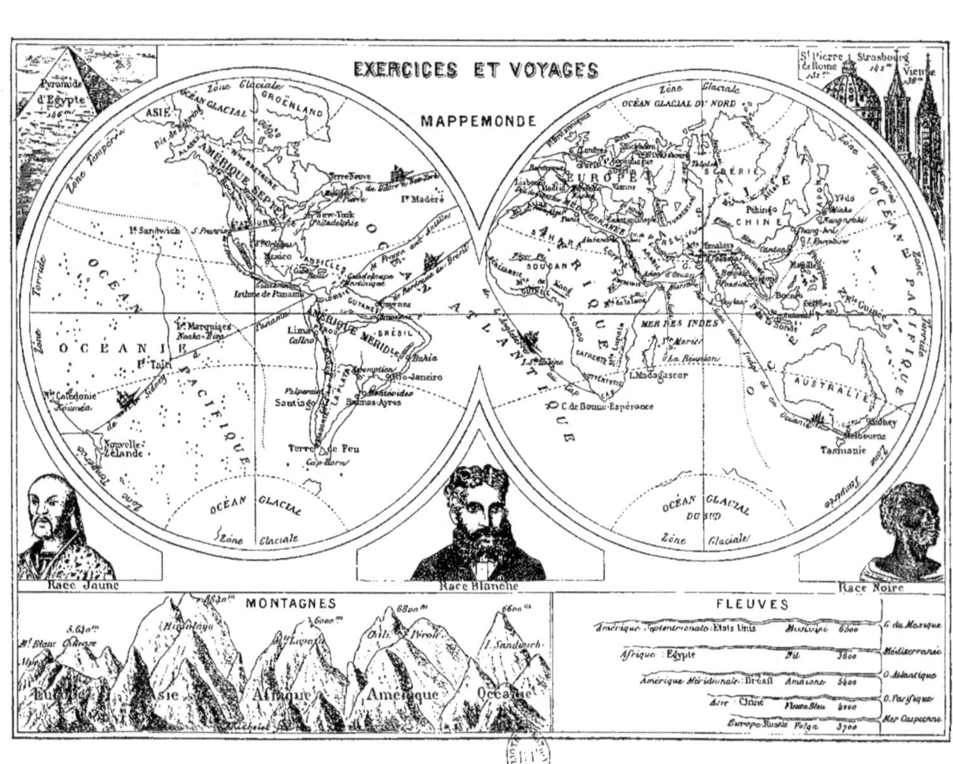

EXERCICES ET VOYAGES
MAPPEMONDE
Pyramide d'Egypte
St Pierre Strasbourg Vienne
Race Jaune
Race Blanche
Race Noire
MONTAGNES
FLEUVES

1. *Qu'appelle-t-on* **mappemonde ?**
On appelle **mappemonde** la reproduction, sur une carte, de toutes les parties de la surface du globe terrestre divisé en deux moitiés ou hémisphères, l'un oriental et l'autre occidental.

2. *Quelles parties du globe comprend l'*hémisphère oriental ?
L'Europe, l'Asie, l'Afrique et une partie de l'Océanie.

3. *Quelles parties comprend l'*hémisphère occidental ?
L'Amérique et une partie de l'Océanie.

4. *En combien de* **zones** *le globe est-il divisé ?*
Le globe est divisé en **cinq zones** ou cercles qui indiquent les différents climats.

5. *Qu'appelle-t-on* **zone torride ?**
On appelle **zone torride** ou **brûlée** celle où l'on n'éprouve que deux saisons, l'une sèche et l'autre pluvieuse.

6. *Qu'appelle-t-on* **zones tempérées ?**
On appelle **zones tempérées** celles où l'on jouit des quatre saisons, le printemps, l'été, l'automne et l'hiver.

7. *Qu'appelle-t-on* **zones glaciales ?**
On appelle **zones glaciales** celles où l'on n'éprouve que deux saisons, un long et rigoureux hiver auquel succèdent de grandes chaleurs.

8. *Par quelles* **races** *principales le globe est-il habité ?*
Le globe est habité par trois races principales, la **race blanche**, la **race jaune** et la **race noire**.

9. *Quelles contrées habite la* **race blanche ?**
La **race blanche** habite l'Europe, l'ouest de l'Asie, le nord de l'Afrique et plusieurs contrées de l'Amérique.

10. *Quelles contrées habite la* **race jaune ?**
La **race jaune** habite la plus grande partie de l'Asie, le nord-est de l'Europe et une partie de l'Amérique et de l'Océanie.

11. *Quelles contrées habite la* **race noire ?**
La **race noire** habite le sud de l'Afrique et une grande partie de l'Océanie.

12. *Quelle est la* **population** *des cinq parties du globe ?*
L'**Europe** compte **300 millions** d'habitants ; l'**Asie, 750** ; l'**Afrique, 100** ; l'**Amérique, 100**, et l'**Océanie, 30**.

13. *Quelle est la contrée la plus peuplée ?*
L'empire de la **Chine**, en Asie.

14. *Quelles sont les villes les plus peuplées de l'Europe ?*
Londres, 3,500,000 habitants ; **Paris**, 2,000.000, et **Berlin**, 900,000.

15. *Quelles sont les villes les plus peuplées de l'Asie ?*
Pékin, capitale de l'empire chinois ; **Yeddo**, capitale du Japon, et **Calcutta**, capitale des possessions anglaises dans l'Hindoustan.

16. *Quelles sont les villes les plus peuplées de l'Afrique ?*
Le Caire et **Alexandrie**, en Égypte.

17. *Quelles sont les villes les plus peuplées de l'Amérique ?*
New-York et **Philadelphie**, dans les États-Unis.

18. *Quelle est la ville la plus peuplée de l'Océanie ?*
Melbourne, dans l'Australie.

19. *Quels sont les trois principaux* **continents** *du globe ?*
Les trois principaux continents sont : 1° l'**ancien continent** formé par l'Europe, l'Asie et l'Afrique, et ainsi appelé parce que ces parties étaient seules connues des anciens ; 2° l'**Amérique** ou le **nouveau continent**, ainsi appelé parce qu'il ne fut découvert qu'en 1492 et 3° le **continent austral** ou l'Australie, dans l'Océanie.

20. *Quelles sont les* **montagnes** *les plus élevées du globe ?*
La chaîne de l'**Himalaya**, en Asie, entre l'Hindoustan et l'empire chinois.

21. *Quelle est la hauteur du plus haut* **sommet ?**
8.840 mètres.

22. *Quels sont les trois plus grands* **fleuves** *du globe ?*
1° Le **Mississipi**, dans les États-Unis, dont le parcours est de 6.500 kilomètres ; 2° le **Nil**, en Afrique, dont le parcours est de 5.800, et 3° le fleuve des **Amazones**, en Amérique, dont le parcours est de 5.400.

23. *Quels sont les quatre* **monuments** *les plus élevés ?*

Les quatre monuments les plus élevés sont : 1° la plus hautes des **pyramides d'Égypte**, 146 mètres ; 2° la **flèche** de la cathédrale de **Strasbourg**, 142 mètres ; 3° la **flèche** de Saint-Étienne, de **Vienne**, en Autriche, 138 mètres ; 4° la **coupole** de Saint-Pierre, de **Rome**, 132 mètres.

24. *Quelles sont les principales* productions *de l'Europe ?*

Jouissant d'un climat tempéré au centre et au nord, l'Europe produit du blé, de l'avoine, de l'orge, des pommes de tere, des **légumes** et beaucoup de **fruits** et de vin.

25. *Que produisent surtout les côtes de la Méditerranée ?*

Les côtes de la Méditerranée produisent surtout des **oliviers**, des **orangers** et des **mûriers**, dont les feuilles servent à la nourriture des **vers à soie**.

26. *Quelles sont les principales* productions *de l'Asie ?*

Presque stérile au nord et très-fertile au centre et au sud, l'Asie produit du blé, du coton, du café, des olives, du thé, du **camphre**, des **dattes**, de la soie, du poivre, du sucre et des **fruits** excellents.

27. *Quels* produits *l'Asie échange-t-elle avec l'Europe ?*

L'Europe échange avec l'Asie, contre d'autres produits ou son argent, les **pelleteries** et les **fourrures** de la **Sibérie** ; les perles, l'encens et le **café** de l'**Arabie** ; les **soieries**, les tapis et les **châles** de la **Perse** ; le café, le riz, les épices et les pierres précieuses de l'**Hindoustan** ; le bambou et l'indigo de l'**Indo-Chine** ; le thé, les **soieries** et les **porcelaines** de la **Chine** et du **Japon**.

28. *Quelles sont les principales* productions *de l'Afrique ?*

L'Afrique, très-fertile sur les côtes, produit du blé, de l'**orge**, du maïs, de la vigne, de la **canne à sucre**, des oranges, des **dattes**, des **citrons**, etc.

27. *Quels* produits *l'Europe échange-t-elle avec l'Afrique ?*

L'Europe exporte en Afrique des tissus, des **armes** et de la **quincaillerie**, et en rapporte des dattes, des **gommes**, de l'ivoire provenant des dents d'éléphants, des **plumes d'autruche**, de l'indigo, de l'aloès, des **cuirs** du **Maroc** ; des vins du **Cap** et de **Madère** ; du café, du sucre, des tapis et des **nattes** d'**Egypte**.

30. *Quelles sont les principales* productions *de l'Amérique ?*

Stérile au nord, l'Amérique produit du blé, du coton, du **café**, du cacao, des **cannes à sucre**, des épices, du **bois de teinture**, de l'**acajou**, de l'**ébène**.

31. *Quels* produits *l'Amérique septentrionale fournit-elle à l'Europe ?*

L'Amérique septentrionale fournit à l'Europe des **pelleteries**, des **salaisons**, du coton, du **tabac**, du pétrole, de l'indigo, du bois de campèche, de l'acajou, de l'**ébène**.

32. *Quels* produits *l'Amérique méridionale fournit-elle à l'Europe ?*

L'Amérique méridionale fournit à l'Europe du **guano**, du quinquina, des **diamants**, du **café**, du **cacao**, du **rhum**.

33. *Quels* produits *l'Océanie fournit-elle à l'Europe ?*

Du **tabac**, du **thé**, du poivre, des diamants, des perles, de la vanille, de l'or, des **laines brutes** de l'**Australie**.

34. *Quels sont les principaux* ports *de l'Europe ?*

Les principaux ports de l'Europe sont **Saint-Pétersbourg** et **Odessa**, en Russie ; **Stockholm**, en Suède ; **Copenhague**, en Danemark ; **Amsterdam**, en Hollande ; **Anvers**, en Belgique ; **Londres** et **Liverpool**, en Angleterre ; **Le Havre, Saint-Nazaire, Bordeaux, Bayonne, Marseille** et **Toulon**, en France ; **Lisbonne**, en Portugal ; **Barcelone**, en Espagne ; **Gênes, Venise, Naples** et **Palerme**, en Italie ; **Athènes**, en Grèce et **Constantinople**, en Turquie.

35. *Quels sont les principaux* ports *de l'Asie ?*

Les principaux ports de l'Asie sont **Smyrne, Calcutta. Pondichéry, Saïgon, Canton, Chang-Haï** et **Yeddo**.

36. *Quels sont les principaux* ports *de l'Afrique ?*

Les principaux ports de l'Afrique sont **Alger, Tunis, Alexandrie, Le Cap** et **Saint-Louis**.

37. *Quels sont les principaux* ports *de l'Amérique septentrionale ?*

Les principaux ports de l'Amérique septentrionale sont **Québec, New-York,** la **Nouvelle-Orléans, Guatémala** et **San-Francisco**

38. *Quels sont les principaux* ports *de l'Amérique méridionale ?*

Les principaux ports de l'Amérique méridionale sont **Cayenne, Rio-Janeiro, Montevidéo, Buénos-Ayres, Santiago, Valparaiso** et **Callao**, près **Lima**.

39. *Quels sont les principaux* ports *de l'Océanie ?*

Les principaux ports de l'Océanie sont **Batavia, Manille, Sidney** et **Melbourne**.

I. — NOTIONS PRÉLIMINAIRES

1. En quoi un **isthme** diffère-t-il d'un **détroit** ?
2. En quoi une **île** diffère-t-elle d'un **lac** ?
3. Qu'est-ce qu'un **affluent** ?
4. Qu'appelle-t-on **confluent** ?
5. A quoi les **oasis** peuvent-elles être comparées ?
6. Qu'appelle-t-on **rive droite** et **rive gauche** d'un fleuve ou d'une rivière ?

II. — PREMIÈRE EXCURSION

7. En quoi un **hameau** diffère-t-il d'une **commune** ?
8. Citez quelques **communes** du canton de Chevreuse.
9. Qu'appelle-t-on **route nationale** ?
10. En quoi diffère-t-elle d'une **route départementale** ?
11. Qu'est-ce qu'un **chef-lieu de canton** ?
12. En quoi diffère-t-il d'un **chef-lieu d'arrondissement** ?
13. Qu'appelle-t-on **ligne** de chemin de fer ?
14. Qu'est-ce qu'une **gare** ?
15. Que remarque-t-on surtout dans un **chef-lieu** de département ?
16. Qu'est-ce qu'un **département** ?

III. — FRANCE

17. Quelles sont les **limites** de la France ?
18. Quelles sont ses plus hautes **montagnes** et quel est le **sommet** le plus élevé.
19. Quel est le plus grand **fleuve** qui arrose la France ?
20. Quels sont ses principaux **affluents** ?
21. En combien de **régions** principales la France est-elle divisée sur cette carte ?
22. Quelles sont les principales **îles** françaises situées dans l'Océan Atlantique ?

23. Quelle est la **ville la plus importante** de la région du Nord ?
24. Quelles sont les **trois villes** les **plus peuplées** de la France ?
25. Sur quel **fleuve** Paris est-il situé ?
26. Dans quels départements la **Seine** passe-t-elle et où se jette-t-elle ?
27. Quels sont les **départements** situés au centre de la France ?
28. Quel est le **département** situé dans la mer **Méditerranée** ?
29. Quelle est la ville la **plus voisine** des côtes de l'**Angleterre** ?
30. Dans quelles villes passe-t-on, lorsqu'on se rend de **Nantes à Paris** par le chemin de fer ?
31. Nommez les villes principales qui sont situées sur la ligne de **Paris à Marseille**.
32. Quelles sont les **villes** principales situées sur la **Manche** ?
33. Quelles sont les **villes** principales situées sur les rives du **Rhône** ?
34. Par quelles villes passe-t-on pour se rendre de **Paris à Turin** ?
35. Sous quelle **chaîne de montagnes** passe-t-on ?

IV. — EUROPE

36. Quelles sont les **limites** de l'Europe ?
37. De quelles **contrées principales** se composent les Îles Britanniques ?
38. Quelle est la ville la plus peuplée de l'**Europe** ?
39. Par quelle **mer** l'Angleterre est-elle séparée de la **France** ?
40. Par quelle **chaîne de montagnes** la **France** est-elle séparée de l'**Espagne** ?
41. Quel **détroit** sépare l'**Espagne** de l'**Afrique** ?
42. Quelle est la **capitale** de l'empire d'**Allemagne** ?
43. Quelles sont les **mers** qui baignent les côtes de cet empire ?
44. Quelles sont les **limites** de l'empire d'**Allemagne** ?
45. Quel est le plus grand **fleuve** de l'Europe ?
46. Dans quelle **mer** se jette-t-il ?

47. Quelles sont les limites de l'empire de **Russie ?**

48. Par quel **chemin de fer** peut-on se rendre de **Paris à Saint-Pétersbourg ?**

49. Sur quel **fleuve** la capitale de l'**Autriche-Hongrie** est-elle située?

50. Dans quelle **mer** se jette-t-il ?

51. Quels sont les deux principaux **lacs de la Suisse ?**

52. Quelle **mer** baigne les côtes de l'empire d'**Autriche-Hongrie ?**

53. Quelle est la **capitale de l'Italie ?**

54. Dans quelles **villes principales** passe-t-on pour se rendre de **Paris à Rome ?**

55. Qu'est-ce que le **Monténégro ?**

56. Quelle est la **capitale de la Turquie ?**

57. Dans quelles **mers** passerait-on pour se rendre de **Marseille à Odessa**, en Russie ?

58. Quelles **îles** pourrait-on visiter ?

59. Quelles **contrées** pourrait-on cotoyer pour se rendre de **Londres à Saint-Pétersbourg ?**

60. Qu'est-ce que l'île **Seeland** et quelle en est la ville principale ?

––––

V. — PLANISPHÈRE

61. Quelle est la **contrée** la plus peuplée de l'**Asie ?**

62. Quelle est le plus grand **fleuve** de cette partie du globe ?

63. Qu'est-ce que le **canal de Suez ?**

64. Quelles **mers** réunit-il ?

65. Quelle est la **ville principale** des possessions anglaises en **Asie ?**

66. Quelles sont les principales **possessions françaises** dans cette même partie du globe ?

67. Quelle est la **capitale du Japon ?**

68. Quelles sont les principales **possessions françaises en Afrique?**

69. Quelles sont les **villes principales de l'Algérie ?**

70. Quelles sont ses **principales limites ?**

71. Qu'est-ce que le **Sahara ?**

72. Qu'y remarque-t-on ?

73. Quel est le **cap** situé au sud de l'**Afrique ?**

74. En combien de parties divise-t-on l'**Amérique ?**

75. Quelle est la **ville** la plus peuplée des **Etats-Unis ?**

76. Sur quel **Océan** est-elle située ?

77. Par quel océan l'**Amérique** est-elle séparée de la **France ?**

78. Quelles sont les principales **possessions françaises** en **Amérique ?**

79. Quel est l'**isthme** qui sépare l'**Amérique septentrionale** de l'**Amérique méridionale ?**

80. Quelle est la **ville principale** de la **Guyane française ?**

81. Quelle est la **capitale du Brésil** et sur quel **Océan** est-elle située ?

82. Quelle est la **contrée** située au sud de l'**Amérique méridionale ?**

83. Quelle est la plus grande **île de l'Océanie ?**

84. Quelle en est la **ville** la plus peuplée?

85. Quelles sont les principales **possessions françaises** en **Océanie ?**

––––

VI. — VOYAGES

86. Quelle est la **voie** la plus rapide pour se rendre du **Havre à New-York ?**

87. ...... de **Bordeaux** aux **Antilles** et au **Brésil ?**

88. ...... de **Londres** au **Cap ?**

89. ...... de **Marseille à Suez** et de là à la **Réunion ?**

90. ...... de **Marseille à Pondichéry** et de là à **Yeddo ?**

91. ...... de **Paris** à **San-Francisco ?**

92. Quelles **côtes** pourrait-on visiter en allant de **Bordeaux à Santiago ?**

93. Quelle est la **voie** la plus rapide pour se rendre de **Marseille à Melbourne** et de là dans la **Nouvelle-Calédonie ?**

94. Qu'est-ce que l'**isthme de Panama ?**

95. Quelle serait la **voie** la plus rapide pour se rendre de **Bordeaux à Callao** (Pérou), si l'isthme de Panama était percé ?

NOTIONS SUR LA FRANCE AGRICOLE, COMMERCIALE ET INDUSTRIELLE

MERS

1. Les mers qui baignent les côtes de la France sont : 1° la **Mer du Nord**, qui baigne aussi la Belgique, la Hollande, l'Angleterre et le Danemark ; — 2° la **Manche**, qui appartient à la France et à l'Angleterre ; — 3° le **golfe de Gascogne** ou *mer de France*, que se partagent la France et l'Espagne, — et 4° la **mer Méditerranée**, que la France partage avec l'Espagne, l'Italie, la Turquie, la Grèce, l'Égypte, la régence de Tunis et l'empire du Maroc.

FLEUVES

2. Les fleuves principaux de la France sont la **Meuse**, la **Seine**, la **Loire**, la **Garonne** et le **Rhône**.

CANAUX

3. Outre ces cinq fleuves, la France compte près de deux cents rivières navigables ou flottables, et beaucoup de canaux dont les principaux sont : 1° le **canal de l'Est**, qui joint le Doubs au Rhin et par conséquent fait communiquer le bassin du Rhône avec celui du Rhin ; — 2° le **canal de Bourgogne**, qui fait communiquer la Saône avec l'Yonne et par conséquent le bassin du Rhône avec celui de la Seine ; — 3° le **canal du Centre**, qui fait communiquer la Saône avec la Loire et par conséquent le bassin du Rhône avec celui de la Loire ; — 4° le **canal du Midi**, qui fait communiquer la mer Méditerranée avec la Garonne et par conséquent avec le golfe de Gascogne ; — 5° le **canal des Ardennes**, qui fait communiquer la Seine avec la Meuse par l'Aisne et par conséquent la Manche avec la mer du Nord ; — 6° le **canal de Briare**, qui fait communiquer la Seine avec la Loire par le Loing, — et 7° le **canal de Nantes à Brest**.

PORTS

4. Les principaux ports sont : 1° sur la *Manche*, **Dunkerque**, **Calais**, le **Havre**, **Cherbourg** ; — 2° sur l'*Océan Atlantique* ou *golfe de Gascogne*, **Brest**, **Lorient**, **Saint-Nazaire**, **Bordeaux** (quoique à 100 kilomètres de la mer), **Bayonne**, — et 3° sur la mer *Méditerranée*, **Marseille**, **Toulon**, **Nice**, **Ajaccio** et **Bastia**.

CHEMINS DE FER

5. Les chemins de fer français se partagent en six grandes lignes qui partent toutes de Paris :

1° La **ligne de l'Ouest** qui comprend la ligne du *Havre*, par Rouen, la ligne de *Cherbourg*, par Évreux et Caen, la ligne de *Brest*, par Chartres et Rennes et de *Saint-Nazaire*, par Angers et Nantes.

2° La **ligne du Nord** qui comprend les lignes de *Lille* et de *Calais* par Amiens, et celle de *Saint-Quentin* qui gagne la Belgique et l'Allemagne du Nord.

3° La **ligne de l'Est** qui comprend la ligne de *Nancy*, par Châlons-sur-Marne, et la ligne de *Belfort*, par Troyes.

4° La **ligne de Paris-Lyon-Méditerranée** qui comprend celle de *Lyon* à *Marseille*, par Dijon, Lyon avec embranchement à Mâcon pour la Suisse et l'Italie et à Tarascon pour Cette et la ligne du *Bourbonnais*, par Nevers, Moulins et Clermont.

5° La **ligne d'Orléans** qui comprend la ligne de *Bordeaux*, par Orléans, Tours, Poitiers, Angoulême et à Agen et Toulouse.

Et 6° La **ligne du Midi** qui comprend la ligne de *Bordeaux* à *Cette*, par Agen, Toulouse, etc., et la ligne de *Bayonne* ou d'*Espagne*.

Par les mers qui baignent ses côtes, par ses fleuves, ses rivières et ses canaux, par ses lignes de chemins de fer, la France peut transporter et recevoir toutes sortes de denrées et de marchandises.

INDUSTRIE AGRICOLE

6. Essentiellement agricole et située dans la zone tempérée, la France doit à cette position et au travail de ses habitants l'avantage de réunir assez de productions pour soutenir la comparaison avec les pays les plus favorisés. Plus humides et plus froides, les régions du **nord-ouest** sont presque partout d'une grande fertilité en grains de toute espèce et abondent en excellents pâturages qui nourrissent de nombreux bestiaux, mais elles ne produisent pas de vin qui y est remplacé par le cidre et par la bière. Les contrées de l'**est** fournissent les vins connus sous les noms de *Champagne* et de *Bourgogne*, et celles du **sud-ouest** les vins de *Bordeaux*. Abrité par les montagnes contre les vents froids du nord et humides du nord-ouest, le **midi** produit l'olive, l'orange, le citron, la grenade et du vin en grande quantité.

FORÊTS

7. Les principales forêts de France sont celles des **Ardennes**, des **Vosges**, des **Landes**, des **Cévennes**, du **Jura**, du **Morvan** (Nièvre), de **Fontainebleau** (Seine-et-Marne), de **Compiègne** (Oise) et d'**Orléans**.

PLAINES

8. Les plaines les plus vastes sont celles de la **Picardie**, de la **Champagne**, de la **Brie** (Seine-et-Marne), de la **Beauce** (Eure-et-Loir), celles entre la Garonne et l'Océan Atlantique, appelées **Landes**, et celles de la **Lorraine** (Meurthe-et-Moselle).

INDUSTRIE ET PRODUCTIONS AGRICOLES

9. Les principales productions de l'industrie agricole sont : le **blé**, l'**orge** et l'**avoine**, qui se vendent surtout à Gray, Chartres, Corbeil (Seine-et-Oise), Évreux, Arras, Troyes ;

Les **vins** renommés de **Champagne**, *Aï*, *Épernay*, etc. (Marne) ; de **Bourgogne**, *Nuits*, *Beaune* (Côte-d'Or) ; de **Macon**, de **Bordeaux**, de *Collioure*, de *Grenache* (Pyrénées-Orientales), de *Frontignan* (Hérault) ;

Les **eaux-de-vie** de *Jonzac* (Charente-Inférieure), de *Cognac* (Charente) ; du *Gers*, dites d'*Armagnac*, de *Montpellier* et du *Nord* ;

Le **cidre** de *Normandie*, de *Bretagne*, de *Picardie*, du *Poitou* et du *Centre* ;

La **bière** fabriquée surtout dans le *nord* et dans le *nord-est* ;

Les **chevaux** du *Limousin*, de *Tarbes*, de l'*Auvergne*, de la *Normandie*, du *Perche*;

Les **moutons** du *Berry*, de la *Nièvre*;

Les **espèces bovines** de la *Franche-Comté*, des *Cévennes*, du *Limousin*, de la *Bretagne*, et de la *Normandie*.

Parmi les autres productions on peut encore citer les **volailles** de la Bresse (Ain), de la Beauce et du Maine (Sarthe); le **miel** de Narbonne (Aude); les **fromages**, de Roquefort (Aveyron), de Brie (Seine-et-Marne), de Neufchâtel (Seine-Inférieure); la **charcuterie** de Bayonne, de Troyes, de Lyon et d'Arles; les **pruneaux** de Tours et d'Agen; les **confitures de groseilles** de Bar-le-Duc; le **raisiné** de Bourgogne, le **nougat** de Montélimart; les **beurres** de Bretagne et de Normandie; les **haricots** de Soissons; les **truffes** du Périgord (Dordogne), etc., etc.

MINÉRAUX — INDUSTRIE MÉTALLURGIQUE

10. La **houille** se trouve principalement dans le Nord, près de Valenciennes; dans la Haute-Saône; dans la Loire; près d'Alais, dans le Gard; — et le **fer**, dans les Vosges, les Pyrénées, l'Isère, l'Ardèche, la Haute-Marne, la Bourgogne, le Berry et le Poitou.

La France possède aussi des **carrières de marbre**, de **pierres de taille** et des **ardoisières** dont les principales sont situées aux environs d'Angers et de Fumay (Ardennes).

Les principales usines où l'on fabrique les **machines** et les **outils** sont celles de *Paris*, du *Creuzot* (Saône-et-Loire), de *Rouen*, du *Havre*, de *Lille*, de *Saint-Quentin* (Aisne), de *Lyon*, de *Marseille*, de *Nantes*, de *Châtellerault* (Vienne) et de *Commentry* (Allier).

INDUSTRIE MANUFACTURIÈRE

11. Parmi les industries diverses on peut surtout citer les **coutelleries** de Langres, de Nogent (Haute-Marne), de Châtellerault (Vienne); — les **glaces** de Saint-Gobain (Aisne); — les **verres et cristaux** de Baccarat (Meurthe-et-Moselle); — les **porcelaines** de Sèvres (Seine-et-Oise), de Montereau (Seine-et-Marne), de Limoges; — les **faïences** de la Nièvre; — les **papiers** d'Angoulème, d'Annonay (Ardèche) et de Paris; — les **huiles** de Provence, de la Dordogne et du Nord; — la **bougie** de Paris, Lyon, Montpellier, Marseille, Lille; — le **savon** de Provence, Marseille, Nantes, Rouen et Paris; — les **peaux** et le **cuir** de Givet (Ardennes), Paris, Annonay (Ardèche), Grenoble, Millau (Aveyron); — la **meunerie** de Corbeil (Seine-et-Oise), Gray (Haute-Saône), Poitiers, Marseille, le Havre; — les **cotonnades** de Saint-Quentin (Aisne), Amiens, Rouen, Évreux, Flers (Orne), Tarare (Rhône), Vichy (Allier), Paris; — les **toiles** de Lille, Valenciennes (Nord), Amiens, Le Mans, Alençon et la Bretagne; — les **draps** de Roubaix, Turcoing (Nord), Saint-Quentin, Elbeuf (Seine-Inférieure), Louviers (Eure), Sedan (Ardennes), Reims (Marne), Nancy, Bédarieux (Hérault), Carcassonne, Castres (Tarn); — les **soieries** de Lyon, Nîmes, Saint-Étienne et Paris; — les **tapisseries** de Paris, Beauvais, Aubusson (Creuse), Nîmes; — les **dentelles** d'Alençon, Caen, Chantilly (Oise), Mirecourt (Vosges), Le Puy; — la **bonneterie** de Paris, Troyes, Amiens, Lyon, Nîmes, etc.

EAUX MINÉRALES ET THERMALES

12. Les principales sources d'eaux minérales et thermales sont celles de **Bourbonne-les-Bains** (Haute-Marne), de **Plombières** et de **Contrexeville** (Vosges), de **Luxeuil** (Haute-Saône), d'**Aix** (Savoie), de **Bagnères**, de **Cauterets** et de **Barèges** (Hautes-Pyrénées), des **Eaux-Bonnes** (Basses-Pyrénées), d'**Enghien**, près Paris, de **Vichy** et de **Bourbon-l'Archambault** (Allier), d'**Uriage** (Isère), de **Saint-Galmier** (Loire), de **Bagnoles** (Orne) et du **Mont-Dore** (Puy-de-Dôme).

POPULATION DES PRINCIPALES VILLES

13. Les villes les plus peuplées de la France sont *Paris*, 1,900,000 habitants, *Lyon*, 350,000, *Marseille*, 320,000, *Bordeaux*, 215,000, *Lille*, 160,000, *Toulouse*, 130,000, *Nantes* et *Saint-Étienne*, 125,000 et *Rouen*, 110,000 habitants.

COMMERCE

14. L'**exportation** des produits français dans les contrées étrangères consiste en *tissus de soie*, de *laine* et de *coton*, destinés à l'Angleterre, aux États-Unis, à l'Allemagne, etc ; — en *articles de toilette* et de *lingerie*; — en *peaux et ouvrages confectionnés* avec des peaux; — en *porcelaines, glaces, savons, papiers, livres* et surtout en *articles de Paris*, c'est-à-dire *parfumerie, orfèvrerie, bijouterie, ébénisterie, lithographie, photographie* et *modes*.

15. Les **produits étrangers** qui entrent en France sont la *soie*, apportée d'Orient; le *coton* des États-Unis et de l'Inde; la *laine* de l'Australie et du Cap; le *lin* des rivages de la Baltique; le *sucre* des colonies françaises; le *café* et le *tabac* de l'Amérique et de l'Asie; le *cuivre*, le *plomb*, le *zinc* et l'*étain* de l'Angleterre, du Chili, de la Belgique et de la Prusse; la *houille* de l'Angleterre et de la Belgique; les *peaux* de l'Amérique du Nord; les *céréales* de la mer Noire et des États-Unis; les *tissus* d'Angleterre, d'Allemagne et de Belgique, etc.

COLONIES FRANÇAISES

16. L'**Algérie** fournit à la France *céréales, tabac, liège, olives, oranges, citrons, vin* et *dattes*, et reçoit en échange *tissus, vêtements*, etc. — Population : environ 3.000.000 d'habitants.

Le **Sénégal** reçoit de France *cotonnades, denrées alimentaires, objets de toilette*, et exporte *gomme, peaux, ivoire, bois d'ébène* et *caoutchouc*.

La **Réunion** produit *cannes à sucre, vanille, girofle*. — Population : 170.000 habitants. — Chef-lieu : *Saint-Denis*.

L'**Inde française** reçoit *vins, liqueurs, vêtements, lingerie* et exporte *indigo, cotonnades*. — Population : 280.000 habitants.

La **Cochinchine française** produit *riz, coton, tabac, maïs*. — Population : 1.225.000 habitants.

La **Guyane française**, capitale *Cayenne*, possède des *mines d'or* et est couverte d'immenses *forêts*.

La **Martinique** et la **Guadeloupe** exportent principalement *cannes à sucre, sucre brut, rhum, cacao* et *café* et reçoivent *denrées alimentaires, tabacs* et *vêtements*.

Les îles **Saint-Pierre** et **Miquelon**, près celle de *Terre-Neuve*, attirent chaque année de France beaucoup de bâtiments pour la pêche de la morue.

OPINION

D'UN ELECTEUR

SUR LES INSTRUCTIONS A DONNER

AUX DÉPUTÉS;

Par M. THILORIER,

AVOCAT AU CONSEIL D'ÉTAT, ET MEMBRE DU
COLLÈGE ÉLECTORAL DU DÉPARTEMENT DE
LOIR-ET-CHER.

PARIS,

Chez { CHAIGNIEAU AINÉ, Libraire, rue de la Monnaie, n° 11;
DELAUNAY, Libraire, Palais-Royal, galerie de bois.

IMPRIMERIE DE CHAIGNIEAU AINÉ.

1815.

OPINION D'UN ÉLECTEUR

SUR LES

INSTRUCTIONS A DONNER AUX DÉPUTÉS.

A Monsieur le Président et Messieurs composant le Collége électoral du département de Loir-et-Cher.

Messieurs,

Dans l'état de crise où se trouve la France, il est du devoir de tout bon citoyen d'émettre librement les idées qui lui paraissent les plus propres à fonder sur des bases solides la liberté publique ; et l'état de maladie qui me retient à Paris ne me dispense que de la partie de mes obligations qu'il m'est impossible de remplir.

Il est vraisemblable que vous donnerez à vos députés des instructions, et que des commissaires seront chargés par vous de la rédaction d'un projet de cahier. Je leur présente mon opinion, non pour déterminer la leur, mais comme propre à fixer leur attention sur des questions de la plus haute importance.

Considérations préalables sur l'état actuel de la France.

Les anciennes constitutions de l'Empire n'exis-tent plus. Que le décret d'abdication ait été libre ou non , il suffit qu'il ait été publié dans les formes légales pour que tout Français ait été délié de ses sermens en vertu d'un acte authenti-que auquel il était tenu d'obéir.

Avant le décret d'abdication , le sénat avait déclaré Napoléon déchu de l'Empire; mais cet acte était nul par défaut de pouvoir , et le même vice entacha l'offre que le Sénat fit ensuite à la maison de Bourbon de la rappeler au trône.

Les Princes de cette maison vinrent à Paris , où régnaient alors, par droit de conquête , les Souverains du Nord.

Le comte de Lille n'accepta point la cons-titution proposée par le Sénat. Il fonda son droit sur les principes de l'antique monarchie, qui excluaient toute idée d'interrègne.

Le Sénat se trouvait supprimé de droit , par l'effet du décret d'abdication , et le Corps-Légis-latif , devenu d'ailleurs incomplet par l'expiration des pouvoirs d'une partie de ses membres, reçut de la volonté royale une nouvelle existence sous la dénomination de Chambre des Députés.

Louis XVIII octroya aux Français une charte constitutionnelle qu'ils reçurent avec reconnais-sance. La formalité de l'acceptation eût été con-traire aux principes monarchiques qui ne per-mettaient pas au Roi de diminuer une autorité qui lui avait été transmise de droit divin, et qu'il devait à son tour transmettre à ses successeurs. La charte constitutionnelle n'était donc autre

chose qu'un édit révocable à volonté, et les dispositions manifestées par les hommes dont le Roi se
trouvait entouré, ne permettaient pas de compter
sur sa durée. On supportait avec impatience les
menaces des nobles et les tracasseries des prêtres.
L'armée était mécontente, les acquéreurs des
domaines nationaux avaient conçu des craintes,
et les gens sages, peu rassurés par le calme du
moment, voyaient avec inquiétude se rassembler
autour d'eux les élémens d'une nouvelle révo-
lution.

Napoléon parut. Il fut accueilli par l'armée,
et rentra paisiblement dans son palais. Mais l'armée ne forme qu'une partie du grand tout, et
la Nation seule a le droit d'approuver ou d'im-
prouver la conduite de l'armée.

Quelques fanatiques nous contestent ce droit.
Nous ne sommes à leurs yeux que des révoltés, et
ils ont condamné la France à être envahie et
dévastée. Louis XVIII avait emporté, dans sa
retraite, notre estime et nos regrets; pourquoi
faut-il qu'il nous force aujourd'hui de le consi-
dérer comme le portégé de nos ennemis.

Napoléon, plus sage ou plus adroit, a fait le
noble aveu de ses fautes. Ses projets de con-
quêtes avaient causé nos malheurs; il y renonce
pour toujours; il reconnaît la souveraineté du
peuple, et c'est de lui seul qu'il veut obtenir un
titre qui n'est que l'équivalent de celui de premier citoyen.

L'étranger nous ordonne d'obéir aux Bourbons,
mais l'orgueil national nous le défend. L'étranger
nous permettrait peut-être de choisir tout autre
que Napoléon pour chef d'une nouvelle dynastie;
mais cette exclusion qui est une atteinte portée à

notre indépendance, doit nous éclairer sur nos véritables intérêts. Si Napoléon n'était qu'un Roi vulgaire, les rois ne se coaliseraient pas contre lui, et c'est leur animosité même qui nous l'indique comme le seul homme qui puisse rendre à la France le rang qu'elle doit occuper parmi les nations.

Investi d'une dictature éphémère qui ne survivrait pas au danger qui la rend nécessaire, il veut que nous dictions nous-mêmes les conditions du contrat qui doit lier irrévocablement le peuple et le monarque. Nous userons de cette faculté, et nous prendrons les précautions convenables pour que la nouvelle constitution n'ait pas le sort de de celles qui l'ont précédée.

L'expérience a prouvé que, dans l'état actuel de la civilisation, le gouvernement représentatif était le seul qui pouvait procurer aux nations le degré de prospérité auquel il leur était permis d'atteindre. Les Anglais, à cet égard, sont nos modèles ; imitons-les, mais que notre imitation ne soit pas servile ; et si nous devons renoncer à cet égard à la gloire d'inventer, ne renonçons pas du moins à la gloire de perfectionner.

La souveraineté se compose de trois pouvoirs : le pouvoir *législatif*, qui ne peut être exercé que par le concours des trois volontés réunies de la chambre des représentans, d'une chambre haute et du Roi ; le pouvoir *exécutif*, qui émane du Roi seul mais qui n'est exercé que par des ministres révocables et responsables ; et le pouvoir *judiciaire* qui est exercé par des juges inamovibles.

Ces principes forment la base de la constitution

anglaise. On les retrouve dans la charte royale de 1814, et dans la charte impériale de 1815.

Napoléon a supposé, avec beaucoup de vraisemblance, que cette dernière charte soumise, sous le titre d'*acte aditionnel*, à l'acceptation des Français, aurait en sa faveur la majorité des suffrages ; mais il a parfaitement senti qu'en mettant le mot *oui* au bas d'un projet composé d'un grand nombre d'articles, tous susceptibles de modification, chaque votant n'était censé donner son adhésion qu'à l'ensemble des principes sur lesquels le projet était fondé, et que ce projet dès-lors ne pouvait devenir une constitution obligatoire que lorsque chaque article aurait été amendé conformément au vœu général.

Le décret de convocation contient les expressions suivantes :

« Nous avons présenté à l'acceptation du peuple un acte qui à-la-fois garantit ses libertés et ses droits, et met la monarchie à l'abri de tout danger de subversion. Cet acte détermine le mode de formation de la loi, et dès-lors contient en lui-même le principe de *toute amélioration qui serait conforme aux vœux de la nation ;* interdisant cependant toute discussion *sur un certain nombre de points fondamentaux déterminés qui seront irrévocablement fixés* ».

Les points fondamentaux sur lesquels la discussion est interdite sont énoncés dans l'article 67 de l'acte additionnel ; et si cet acte obtient la majorité des suffrages individuels, il en résultera, 1° que les Princes de la famille de Bourbon seront irrévocablement privés de tout droit au trône ; 2° que l'ancienne noblesse féodale sera détruite pour toujours ; 3° qu'il en sera de même

des droits seigneuriaux ou féodaux, et des dî-
mes ; 4° qu'il ne pourra y avoir dans l'Etat aucun
culte privilégié et dominant ; 5° enfin, qu'il ne
pourra être porté aucune atteinte à l'irrévocabi-
lité de la vente des domaines nationaux.

Quant au surplus de l'acte additionnel, il doit
être pris en grande considération, mais la discussion en est permise par le décret de convocation.

Il paraîtrait, à la vérité, d'après la lettre de
ce décret, que le mode de discussion devrait être
le même, à cet égard, que celui qui est indiqué
dans l'acte additionnel pour la formation de la
loi ; mais il y lieu de présumer que ce passage du
préambule contient un vice de rédaction. On
sent, en effet, que la constitution n'aurait plus
le degré de stabilité convenable, si le pouvoir
législatif, créé par elle, pouvait y déroger par
des amendemens, et il est évident d'ailleurs, que
la chambre haute ne peut être consultée sur des
questions relatives à sa propre organisation.

Il paraît donc conforme à l'esprit du décret
de convocation et aux intentions manifestées par
l'Empereur, dans son décret primitif, que les
députés soient investis de deux missions distinctes,
l'une spéciale et relative à la formation de la loi
constitutionnelle, et l'autre générale et relative
à la formation des lois ordinaires.

Projet d'un cahier d'instruction pour nos Députés.

I. Nous vous investissons de la plénitude des
pouvoirs nécessaires pour donner à la France une
constitution, mais nous vous interdisons tout acte
qui, pendant la durée de vos travaux, tendrait

directement ou indirectement à entraver la marche du gouvernement actuel.

II. Aussitôt après la vérification des pouvoirs, vous nommerez une commission qui sera chargée de faire le récensement général des votes apposés au bas de l'acte additionnel, mais vous n'attendrez pas le résultat de ce récensement pour commencer vos travaux, qui doivent être terminés le plutot possible.

III. Le premier article de la constitution sera celui-ci : « Napoléon est Roi (1) des Français; le trône est héréditaire dans sa famille, par ordre de primogéniture; mais ni lui, ni ses successeurs ne pourront porter le titre de Roi et en remplir les fonctions', qu'après avoir prêté serment d'observer les constitutions. »

IV. Le président de l'Assemblée constituante recevra, au nom de la Nation, le serment du Roi qui recevra ensuite le serment que prêtera le président , au nom de la Nation. L'Assemblée constituante ne sera plus, dès ce moment, que la Chambre des Représentans.

V. La constitution aura pour base un gouvernement représentatif, fondé sur la séparation des pouvoirs, et sur l'inviolabilité de la personne du Roi. Il y aura une Chambre des Pairs, dont l'organisation sera déterminée par la constitution.

Articles à mettre en délibération

Représentation nationale. La Nation ne délègue

---

(1) Le titre de Roi convient au chef d'une nation paisible ; le titre d'Empereur ne convient qu'à un général d'armée.

le droit de choisir ses Représentans, que parce qu'elle est dans l'impossibilité de l'exercer elle-même. La représentation nationale sera donc toujours vicieuse, tant qu'elle ne se rapprochera pas autant qu'il est possible de la représentation immédiate.

Les qualités d'un bon *électeur* et d'un bon *éligible* ne sont pas incompatibles, mais il est rare que le même individu les réunisse.

Un bon électeur doit être d'un âge mûr, inaccessible aux séductions et doué d'un discernement suffisant, pour pouvoir distinguer le mérite réel du mérite apparent.

Un bon éligible doit réunir aux vertus civiques, et à un caractère fortement prononcé, l'instruction, les talens et l'habitude du travail.

Il n'est pas une seule assemblée primaire qui ne compte parmi ses membres plusieurs bons électeurs : les bons éligibles sont plus rares, mais les assemblées primaires auraient le droit de les choisir hors de leur sein.

Les candidats nommés par le peuple à chaque renouvellement du Corps-Législatif, ne formeraient pas un collège permanent ; mais une classe privilégiée et temporaire ; et les électeurs, guidés dans leur choix par le degré de considération dont jouiraient les plus notables parmi les candidats, ne porteraient au Corps-Législatif que des Représentans dignes de ce nom.

Les électeurs qui seraient élus candidats, cesseraient momentanément d'être électeurs, et ne reprendraient leurs fonctions qu'après la nomination des Représentans.

Omission. L'acte additionnel ne détermine pas le nombre de votans nécessaire pour valider une délibération. Vous réparerez cette omission.

Chambre des Pairs. Les membres de la Chambre des Pairs doivent être inamovibles ; il est même utile que leur titre soit transmissible de droit à l'aîné de leurs enfans, parce que ces deux conditions réunies assurent leur indépendance , et qu'il ne peut plus alors y avoir aucun inconvénient à ce qu'ils soient nommés par le Roi.

Mais nous vous donnons le mandat de vous opposer fortement à ce que le nombre des Pairs soit indéterminé. Il *est* utile à la consolidation du pacte social qu'il y ait en France deux ou trois cents fonctionnaires héréditaires ; mais s'il y en avait plusieurs milliers, il en résulterait une nouvelle noblesse onéreuse à l'Etat , et incompatible d'ailleurs avec l'égalité des droits.

Ce serait en vain , dans ce cas, que la constitntion établirait la responsabilité des ministres. Un ministre prévaricateur , qui dominerait l'esprit de son maître , pourrait rendre impuissantes toutes les accusations , en nommant au besoin un nombre de pairs suffisant pour s'assurer la majorité dans la Chambre investie du droit de le juger, et la constitution n'aurait servi qu'à organiser le despotisme ministériel.

Il peut cependant être utile à la chose publique que la Couronne ait un moyen de reprendre dans la Chambre des Pairs la prépondérance qu'elle aurait perdue , mais il est nécessaire que la constitution limite l'usage de ce moyen en déterminant le nombre des Pairs qui pourraient être nommés par le Roi dans le cours d'une année.

Responsabilité des Ministres. L'acte additionnel porte que les Ministres sont *responsables des actes du gouvernement.* Cette disposition est trop générale, et il nous paraît nécessaire que les cas de responsabilité soient précisés par la constitution.

Les Ministres forment en Angleterre une coalition qui dispose des fonds de l'État pour acheter la majorité des suffrages. Le parti de l'opposition y est toujours en minorité, et dans les cas très-rares où il a obtenu la majorité, il n'en est résulté autre chose qu'un renouvellement dans le ministère.

Les Ministres y sont les seuls conseillers du Roi, et le Roi est le seul membre de son conseil qui n'ait pas voix délibérative.

Un membre de l'opposition change de côté; tout le monde sait qu'il a reçu le prix de ce changement, et personne n'est scandalisé. Ce trafic immoral est, en Angleterre, un contre-poids nécessaire de la responsabilité. Mais les Ministres français ne seront jamais assez riches pour pouvoir acheter la majorité des Représentans et des Pairs, et c'est précisément parce que la responsabilité ne sera pas en France un vain épouvantail, que la constitution doit déterminer avec précision les cas auxquels ce remède extrême doit être appliqué. Une responsabilité indéfinie paralyserait en France l'administration; les ministres y seraient inactifs, dans la crainte d'une dénonciation; le Monarque serait contrarié dans ses vues les plus sages, et les affaires particulières resteraient éternellement indécises. Une oligarchie corruptrice peut convenir à l'Angleterre; une monarchie libérale est la seule qui convienne à nos mœurs. Nous haïrions un roi despote, mais nous mépriserions un roi en tutelle, et le Roi des Français ne doit être ni haï ni méprisé.

Droit de faire grâce. Ce droit est la plus belle

des prérogatives de la Couronne ; mais l'intérêt public exige qu'il soit fait à cet égard une exception ou du moins une modification relativement aux Ministres condamnés.

Délits privés des Ministres et des Administrateurs. Les Ministres ne doivent être accusés par la Chambre des Représentans, et jugés par la Chambre des Pairs, que pour cause de *délits publics* ; et les citoyens qui auraient éprouvé un *abus d'autorité* doivent avoir le droit de se pourvoir devant les tribunaux, après avoir rempli certaines formalités que la constitution déterminera. Il en doit être de même, à plus forte raison, des *délits privés* commis par les administrateurs subalternes.

Liberté des délibérations. Il est nécessaire que la constitution détermine, autour du lieu des séances des deux Chambres, une enceinte dans l'intérieur de laquelle les Ministres ne pourront faire entrer des troupes de ligne sans la permission des présidens des deux Chambres. La violation de cet article donnerait lieu à une responsabilité *avec urgence*, c'est-à-dire dans laquelle les deux Chambres pourraient user l'une du droit d'accuser et l'autre du droit de condamner, sans être astreintes aux formalités et aux délais prescrits par la constitution pour les cas ordinaires de responsabilité.

Obligation personnelle du Roi. Le Roi ne peut sortir du territoire français qu'en vertu d'une loi qui l'y autorise. La transgression de cette obligation serait équivalente à une abdication.

Distinctions et décorations. L'abolition de la noblesse féodale irrévocablement prononcée par l'acte additionnel entraîne, par une conséquence

nécessaire l'abolition de tous les titres qui la rap-
pellent, et qui, tôt ou tard, la rétabliraient : tels
que ceux de prince, duc, comte, baron et che-
valier. Ce serait en vain que l'on décréterait la
non-hérédité de ces titres ; le Roi ne pourrait, sans
de graves motifs de mécontentement, refuser aux
enfans le titre que portait leur père, et, dans le
cas même où il leur serait refusé, ils se considé-
reraient toujours et seraient toujours considérés
par les distributeurs des emplois comme formant
dans l'Etat une caste particulière. Les hommes
ne doivent être distingués dans une nation libre
que par leurs fonctions. J'honore M. le général
et M. le ministre ; mais je vois dans leurs fils les
égaux des miens. Quant au titre de prince, il doit
être réservé aux membres de la famille royale.

L'homme qui a rendu à son pays d'importans
services a droit à une récompense nationale ; mais
c'est à la chambre des représentans que doit être
réservé le droit de la lui décerner : nous n'envions
pas aux barbares du Nord leurs ridicules cha-
pelets de croix et de médailles ; mais nous devons
conserver religieusement une institution qui a
produit des prodiges. Les distinctions personnelles,
utiles dans l'état militaire, sont intolérables dans
l'état civil. Que la Légion d'honneur soit donc
maintenue, mais qu'elle devienne le patrimoine
exclusif de la valeur ; et que la décoration des
héros ne soit plus désormais la livrée des cour-
tisans.

Inamovibilité des Juges. Si les Juges nommés par
le Roi sont inamovibles et à vie dès l'instant de
leur nomination, on ne doit pas craindre que la
reconnaissance les entraîne au-delà des bornes du
devoir. Mais l'indépendance absolue dans laquelle

ils se trouveront alors placés peut donner lieu à un autre genre d'abus.

L'intérêt général exige que le pouvoir judiciaire soit exercé par des magistrats respectables. L'homme qui est investi du droit terrible de prononcer sur la fortune, l'honneur et la vie des hommes, ne doit pas seulement s'abstenir des délits que les lois répriment ; il deviendrait indigne du rang qu'il occupe s'il ne donnait pas à ses concitoyens l'exemple de toutes les vertus ; et la morale publique ne permet pas qu'un Juge puisse être impunément parasite, débauché, joueur, spéculateur téméraire, débiteur inexact, mauvais père, mauvais fils, mauvais époux.

Il serait dangereux sans doute de confier au Ministre de la Justice le droit d'épurer les tribunaux ; mais nous pensons qu'il serait utile d'investir du pouvoir censorial un tribunal spécial qui, devant être plus qu'aucun autre indépendant du pouvoir exécutif, serait nommé directement par la Chambre des Représentans, et choisi parmi les membres de la Chambre haute.

Le tribunal censorial serait composé de trois magistrats, l'instruction y serait secrète, ses décisions seraient sans appel, et il lui serait défendu de rendre compte de ses motifs.

Expropriation pour cause d'utilité publique. Le Code Napoléon avait décidé que nul ne pouvait être contraint de céder sa propriété que pour cause d'*utilité publique*, et moyennant une *juste* et *préalable* indemnité ; mais cet article avait été violé par les administrations ; toutes les fantaisies des préfets étaient devenues des *objets d'utilité publique* ; ils fixaient à leur gré la *valeur* des propriétés qu'ils envahissaient, ne payaient jamais

préalablement ; et comme les engagemens par eux
pris excédaient souvent les revenus des administrations, les malheureux ex-propriés ou n'étaient point
indemnisés ou ne l'étaient qu'incomplètement.

La loi du 8 mai 1810 dispensa les administrateurs du paiement préalable, et elle crut avoir
assuré les droits des propriétaires en décidant,
1° que l'utilité publique ne pourrait être déterminée que dans une certaine forme ; 2° que l'indemnité serait fixée par les tribunaux ; 3° que les
intérêts en seraient payés par semestre ; 4° que le
paiement du capital ne pourrait être retardé de
plus de trois ans ; 5° enfin qu'en cas de retard
dans le paiement des intérêts du capital, l'administration des domaines pourrait être poursuivie
devant les tribunaux, et qu'elle serait tenue de
payer, sauf son recours contre l'administration dé-
bitrice.

Mais cette loi n'avait pas prévu le cas où l'administration des domaines refuserait elle-même
de payer. Or ce cas est arrivé, et la loi du 8 mars
1814 n'a servi qu'à faciliter les expropriations,
en ôtant aux expropriés tout prétexte de résis-
tance.

Le maintien des propriétés exige donc de deux
choses l'une ; ou que la constitution remette en
vigueur l'article 545 du Code Napoléon, en y
ajoutant l'autorisation spéciale de mettre en jugement l'administration qui aurait violé cet article ;
ou que, dans le cas où l'Assemblée constituante
croiroit devoir confirmer les dispositions de la loi
du 8 mars 1810, elle complète cette loi en au-
torisant tous les porteurs de jugemens rendus par
les tribunaux contre les administrations, à former
opposition entre les mains des receveurs et autres

débiteurs de l'administration condamnée, et à les contraindre au paiement par saisie-exécution de leurs meubles.

« L'Etat, les administrations et les communes n'ont pas, en matière de propriété, de plus grands droits que les autres citoyens ». Ce principe, qui est une des bases du pacte social, est écrit dans le Code Napoléon; mais s'il n'était pas répété dans l'acte constitutionnel, il serait censé abrogé.

Contentieux des communes. Une commune ne peut plaider qu'après avoir été autorisée par l'administration. Cette mesure très-sage a pour but d'empêcher les communes de se ruiner en intentant ou en soutenant des procès injustes; mais on a eu tort d'établir la réciprocité, et de forcer les citoyens de s'adresser à l'administration avant de pouvoir plaider contre les communes.

Le créancier d'une commune ne peut la traduire devant les tribunaux qu'après en avoir demandé la permission au préfet. Le préfet renvoie cette demande au conseil de préfecture, et si le conseil de préfecture refuse la permission demandée, le créancier doit se pourvoir devant le ministre; et en cas de refus de la part du ministre, devant le Conseil d'état. Si le créancier obtient enfin la permission de plaider, et que la commune soit condamnée par les tribunaux, il n'a pas le droit de poursuivre contre elle l'exécution du jugement qu'il a obtenu, et il n'a pas même celui de former une saisie-arrêt entre les mains des débiteurs de la commune condamnée. Il est obligé de s'adresser de nouveau à l'administration qui peut, si elle le juge à propos, se dispenser de statuer sur sa demande, et lui faire perdre ainsi tout-à-la-fois et sa créance et les frais du procès.

Cet ordre de choses subversif de l'égalité des droits, et qui est d'ailleurs nuisible aux communes auxquelles il a enlevé toute espèce de crédit, est un abus que la constitution doit réformer.

Rédaction des lois. Les lois sont quelquefois mal rédigées; il s'y trouve des obscurités et des omissions qui embarrassent les tribunaux, et don lieu à des interprétations arbitraires.

On pourrait remédier à cet inconvénient en créant un *comité de rédaction*, qui réviserait tous les projets de lois, à l'effet de donner à leur rédaction le meilleur ordre et la plus grande clarté possible.

Motions intempestives. Nous vous invitons à passer à l'ordre du jour sur toutes les motions relatives à la légitimité de vos opérations; il s'agit aujourd'hui de sauver la patrie, demain nous nous occuperons des formes.

Nous vous enjoignons de soumettre à la délibération de l'Assemblée constituante, chacun des articles que ce cahier renferme, mais nous vous laissons la liberté d'adopter, après la discussion, l'opinion que vous croirez la meilleure.

FIN.

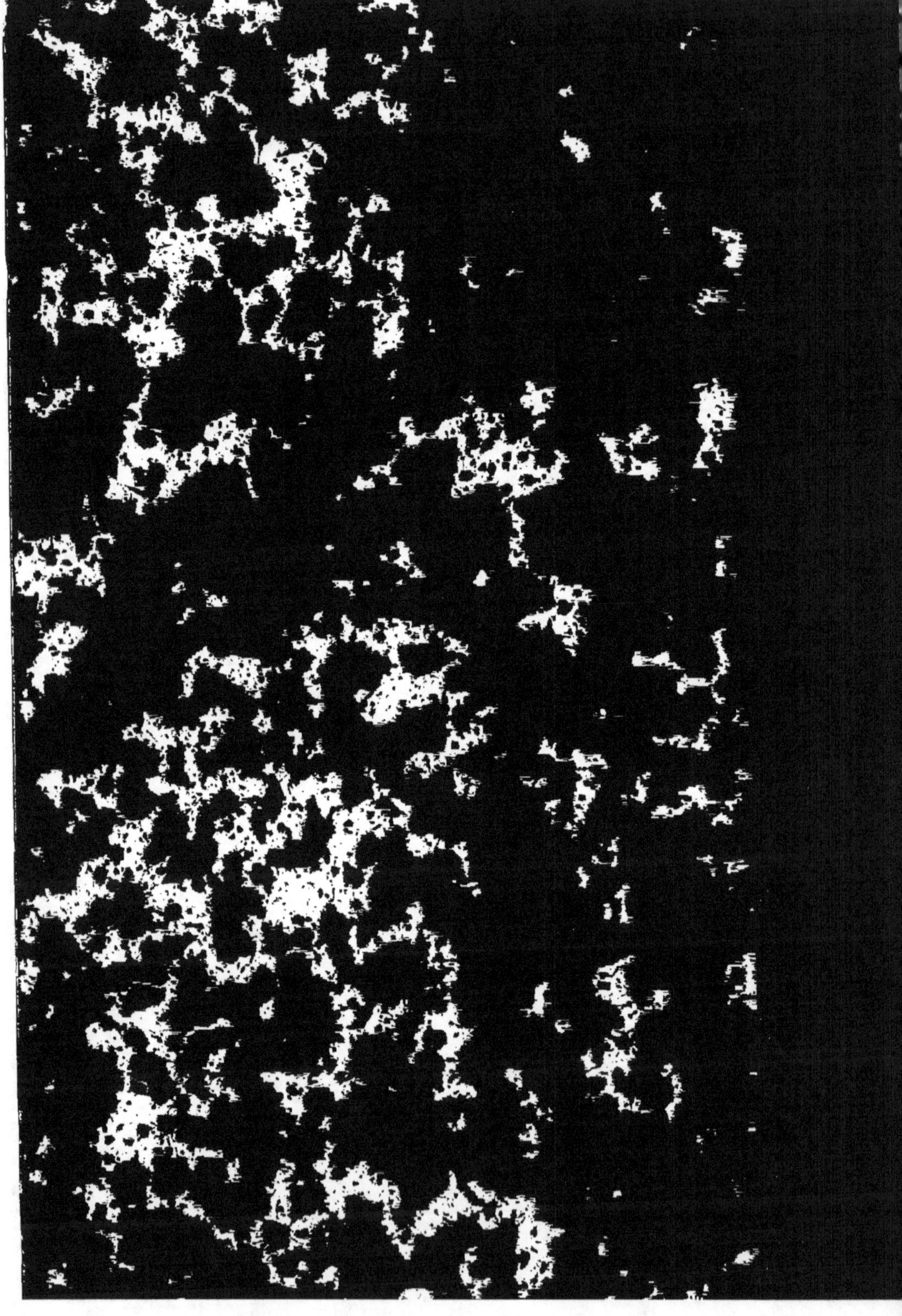